大数据背景下
企业会计信息质量提升研究

DASHUJU BEIJINGXIA
QIYE KUAIJI XINXI ZHILIANG TISHENG YANJIU

张丽波◎著

中国财经出版传媒集团

经济科学出版社
Economic Science Press

图书在版编目（CIP）数据

大数据背景下企业会计信息质量提升研究／张丽波
著 . -- 北京：经济科学出版社，2022. 11
ISBN 978 - 7 - 5218 - 4220 - 3

Ⅰ.①大…　Ⅱ.①张…　Ⅲ.①企业会计 - 会计信息 -
研究　Ⅳ.①F275. 2

中国版本图书馆 CIP 数据核字（2022）第 205373 号

责任编辑：杜　鹏　常家凤
责任校对：李　建
责任印制：邱　天

大数据背景下企业会计信息质量提升研究

张丽波／著
经济科学出版社出版、发行　新华书店经销
社址：北京市海淀区阜成路甲 28 号　邮编：100142
编辑部电话：010-88191441　发行部电话：010-88191522
网址：www. esp. com. cn
电子邮箱：esp_bj@ 163. com
天猫网店：经济科学出版社旗舰店
网址：http：//jjkxcbs. tmall. com
固安华明印业有限公司印装
710 × 1000　16 开　9. 75 印张　160000 字
2022 年 11 月第 1 版　2022 年 11 月第 1 次印刷
ISBN 978 - 7 - 5218 - 4220 - 3　定价：52. 00 元
（图书出现印装问题，本社负责调换。电话：010 - 88191510）
（版权所有　侵权必究　打击盗版　举报热线：010 - 88191661
QQ：2242791300　营销中心电话：010 - 88191537
电子邮箱：dbts@ esp. com. cn）

前　言

　　大数据代表着数据的高度集合状态，是信息技术不断升级的时代产物，也随着互联网技术的发展不断迈上新的台阶。"大数据"一词的来源就是数据规模达到无法用传统数据处理软件进行管理和分析，因此，大数据的最显著特点就是数据信息量的多和广。在大数据技术的帮助下，各个领域的发展能够获得信息技术支持，人们日常生活和工作中所需要的各项数据都可以通过大数据来呈现。随着数据的快速流转，进一步促进了大数据的普及，在这样的发展态势下，各行各业的数据信息量都实现了增长。大数据呈现数据信息量多而广的显著特点，也为新时代会计岗位工作内容带来了新的变化，对会计从业人员信息搜集与处理方式提出了更加严格的要求。与传统数据库和基础信息技术相比，大数据具有显著的优点，其对于数据信息的存储、处理、传导能力都是传统数据处理方式无法比拟的。在大数据时代背景下，可以根据信息需求者的实际，进行数据的采集和分析，还可以对数据背后蕴含的关系进行研究，通过对信息资源库的筛选，得到最适应需求者实际的核心信息和关键数据。在数据库中，既包含了一些结构化信息，同时也涵盖大量的非结构化信息，其数据信息的种类呈现多样化的格局。具体到会计工作内容而言，一些非财务数据可以通过大数据体现，并对平衡计分卡的广泛应用起到积极作用。在多样化的数据种类下，大数据能够满足企业综合性的数据需求，提升信息共享程度，并引发财务管理的新业态、新模式。

　　随着时间成本的不断优化和信息传递时效性的显著增强，大数据的价值不断得到提升。数据价值的提升基础就是数据容量的增大，在互联网技术的飞速发展态势影响下，数据种类的提升使数据库规模获得有效扩充，这些数据信息能够对信息价值判断起到参考作用，并且也符合当前现代化建设的客观规律。在大数据影响下传统信息获取以及供给方式与信息需求者的要求存在一定的不匹配现象，因此，在数据价值提升的基础上，会计信息使用者需要对数据库中的有效信息进行筛选和辨别，找出其需要的核心价值数据，并根据自己实际需求进行信息的使用，以个性化的方式进行信息检索与运用。大数据背景下会计信息具有共享会计资源、实时交互性以及高速性的特点，大数据给会计信息带来了存储方式、分析方式以及搜集方式等变化。大数据环境下会计信息结构更加复杂化，货币计量与计量属性更加多元化，财务报告相关性和报告范畴更加扩大化，会计信息计量风险性提升。应围绕大数据时代会计信息标准体系构建目标提升企业会计信息质量，例如优化大数据环境提高会计信息获取数据准确性、搭建智能化管理平台增强风险防控能力、构建具有大数据特色的管理会计系统、提升大数据会计信息安全、注重提供多维度数据信息、建立统一的大数据处理标准、逐步实现财会价值转型、创新适应大数据环境的会计信息载体与披露方式、结合大数据丰富会计信息内容以及构建新的会计信息质量保障体系等。

张丽波

2022 年 10 月

目 录

第 1 章

会计信息质量在企业管理中的重要作用

1.1 会计信息质量的含义

会计信息的含义存在以下几种不同观点。第一种观点认为会计信息本质上属于一种经济信息，这种经济信息是由企业提供，通过会计信息使用者的整理分析，了解企业的经营情况，因而具有经济性特征。第二种观点认为会计信息与价值运动息息相关。会计信息产生于企业的生产经营活动中，而在企业生产经营活动过程中必然涵盖价值运动层面的相关内容，这就意味着会计信息包括了价值运动的相关特点以及价值运动状态的转变等内容。第三种观点认为会计信息具有可计量的特性，对不同的会计信息进行计量也存在不同的难易程度，例如已经发生的经济活动，对其产生的历史信息进行计量，其难度就会低于对未来预测经济活动信息计量。第四种观点则是对第三种观点的补充，在可计量性的基础上加入了以货币单位进行计量的内容。货币单位虽然可以直观表述会计信息的价值，但却不是会计信息唯一的计量单位。综上所述，会计信息属于一种经济信息，它反映了企业价值运动，并且具备可计量性。

会计信息质量是对会计信息有用程度进行评价的重要指标，通过会计信息质量特征，人们可以有效判断会计信息质量的情况。各国不同组织先后对会计信息质量特征进行多种角度的研究，给出了关于会计信息质量的解释。例如，美国会计学会作为会计行业的专门组织，其对于会计信息质量特征的阐述主要包括相关性、可验证性、公正性和可计量性等方面，为其他组织研究会计信息质量特征提供了基础。美国财务会计准则委员会在此基础上，结合会计行业的基本特征，对会计信息质量特征进行更加详尽的描述，以相关性、可靠性、可理解性、可比性、重要性、成本和收益进行重新定义。美国注册会计师协会将会计信息质量的含义进一步扩充为相关性、重要性、可靠性、可比性、一贯性、可理解性等方面①。我国财政部通过结合国外对于会计信息质量的研究和我国会计行业的基本发展情况，总结并颁布了关于会计信息质量的相关含义，涵盖在我国企业会计准则中，它们是可靠性、相关性、可理解性、可比性、实质重于形式、重要性、谨慎性、及时性八个方面。

关于财务会计信息质量的概念，有许多专家学者和组织先后进行了研究和定义。国际标准化组织认为会计信息质量是会计信息所具有的能够满足一些明确要求以及一切潜在能力需求的特点的总和。朱兰博士认为会计信息质量指的就是信息需求者能够从相关会计信息中获得满足的程度，而国际标准化组织认为会计信息质量意为对一些隐藏能力满足的特征总和。会计信息质量不同于普通的质量概念，其与收益和成本不存在直接联系，但会计信息质量也包含了让使用者获得满足的层面，既会计主体提供出来的会计信息，是否能满足信息使用者需求，是否能够获得信息使用者的满意②。综上所述，对会计信息质量进行准确定义后，还要掌握判定会计信息质量的相关标准。

1.2 会计信息质量在企业管理中的重要作用

（1）为企业战略发展赋能。大数据不同于传统数据库，它提供了一种新型的数据分析模式，以迅猛之势席卷而来。在大数据背景下，企业会计相关工作有机会与大数据进行积极融合，打造全新的综合型会计岗位能力框架，为企业发展带来新的契机的同时，也带来了一些挑战。要将大数据技术利用起来，与企业会计工作进行融合，就需要保障企业会计信息质量，提升会计信息质量的全面性，发挥会计信息质量对企业运行情况反映的客观性和真实性，大数据技术在企业运营范畴实现会计信息的有效应用，充分发挥大数据技术在企业会计工作中的高效、便捷、创新等核心优势，提升企业员工工作效率和企业整体运行效率。当企业的会计信息质量存在重大失误或纰漏时，在进行财务分析活动的过程中就会面临许多数据资源无法利用的情况，使财务分析报告无法发挥实际效用，甚至对市场发展趋势和企业运行情况无法作出预判，给企业带来一定损失。利用大数据技术对生产经营活动的各项环节进行有效监察，通过全面

---

① 张欣. 会计信息的质量特征与作用论述 [J]. 中外企业家，2014（8）：39 +41.
② 赵浩. 新形势下业财融合在企业中的应用策略探究 [J]. 财会学习，2022（18）：20 –22.

性和真实性的会计信息反映企业运行情况，为企业决策提供重要的参考价值。借助有效的大数据分析技术，帮助企业作出正确决策，应对市场发展趋势变动和企业间竞争。提升大数据应用于会计工作时的协调性，保障大数据技术为企业会计工作中需要用到的各项数据提供技术支撑。会计信息质量的全面性和标准化是大数据技术与企业会计工作进行结合的重要基础和前提，通过保障会计信息质量，能够提升各项数据资源的有效利用程度，帮助企业开展财务分析，针对市场发展整体趋势、客观规律和企业发展实际情况作出财务决策。在有效会计信息的帮助下，企业可以更好地把控市场，更好地了解自身发展情况，作出符合企业发展趋势和市场发展规律的相关决策。因此，会计信息质量对于大数据技术的应用和企业会计工作的开展具有重要意义，保障会计信息质量有助于加快企业会计工作的革新升级，为企业整体稳定发展奠定基础，是在当前大数据环境下迎合时代发展趋势、提升企业会计工作质量的必要手段，采用多元化的会计信息质量保障手段可以为企业战略发展赋能①。

（2）提升企业内部控制效果。从管理学角度看，企业得以平稳运行，需要具备完善的内部管理秩序，不断优化企业组织架构，捋顺各部分工作流程，才能实现企业长远发展。会计信息质量是否过关，是企业内部管理情况的重要标尺，具备有效、全面、精准的会计信息体系，能够有效进行内部管理，梳理企业内部整体组织脉络和各个工作环节，为企业健康发展提供基石。企业的经营活动和财务管理息息相关，高质量的企业会计信息是企业能够进行有效财务管理的重要体现。保障企业会计信息质量可以为企业发展提供源源不断的动力，在高质量企业会计信息的帮助下，企业信息与市场信息对称度不断提升，管理者可以作出科学决策，有效优化企业管理秩序、提升企业管理能力和发展潜力。良好的会计信息质量能够为企业管理层提供企业真实运行情况，管理层成员可以在会计信息的基础上作出生产管理流程的各项决策，及时调整公司的整体发展策略，实现公司运营成本的优化。投资主体的多元化特点决定了上市公司的长远发展需要以公众支持基础为前提，在获得公众支持的前提下，企业才能实现资本社会化程度的加深。从这个角度看，财务管理可以紧跟市场发展，关注客户真实需求，提供高质量的企业会计信息，根据会计信息进行产品开发和市场开拓，不断提升资源利用率，优化企业经营成本。保持良好的会计

---

① 吴玉霞. 浅议如何提高企业会计信息质量［J］. 赤峰学院学报（自然科学版），2013，29（1）：84 – 85.

信息质量水平，有助于整个市场实现健康发展。信息披露是整个证券市场运行的重要支撑，上市企业进行信息披露，建立良好的企业形象，有助于向社会开展融资活动，既能够通过有效宣传加深企业影响力，又能够提升企业的发展活力。企业能够保障会计信息质量，作出具有客观性的信息披露能够有效保障证券市场公正、公平交易。投资者进入证券市场时，需要从招股说明书或者一些定期报告中获取关于市场的各种信息，因此，提供准确的会计信息，保障信息披露质量，能够有效促进证券市场的平稳健康运行，使证券市场实现规范运作，以市场中各主体的规范化操作为手段实现市场的规范化运行，提升企业内部控制效果①。

（3）促进公司治理完善。会计信息能够为企业管理提供优化思路，从生产到销售，从研发到技术，都在产生大量数据。会计信息的作用就是能够使管理层与企业一线情况实现实时连接，随时掌握企业管理情况和生产状态。保障会计信息质量就是为领导层提供企业自查的相关依据和措施，通过专业会计人员对各项业务的记录和数据保留，保障会计信息的精准性和真实性，无论是仓储积压还是固定资产耗费，无论是成本折旧还是均摊等，会计信息可以经过系统化搜集和整理，将这些业务情况准确呈现出来，将各个部门连接起来，打造企业运行的动态链条，分层次、分级别地反映企业运行情况，为企业管理决策提供依据，使企业管理实现持续优化。良好的财务管理质量是实现企业顺利发展的重要基石，在良好的财务运行秩序引领下，调整战略方向，树立激励性的企业发展建设目标，不断向企业发展目标靠拢。财务管理是一个系统化的概念，对任何一个公司进行管理优化都是复杂的工程，需要通过各个角度不断获取财务分析和会计信息，对企业运行情况进行系统解读和预测，在精准全面的会计信息帮助下，有效提升公司财务管理能力，保障企业财务管理质量和企业整体运行活力。通过有效会计信息，对企业发展数据进行预测和估计，系统整合企业交易数据，成功进行残值预计，最大程度克服财务数据主观性，保障会计信息客观真实，减少企业管理和发展过程中的各项不确定因素，保障企业投融资成功率。在企业财务管理过程中，需要用到许多会计核算原则，正确提供会计信息是企业财务管理的根本。在企业的会计部门中，会计信息的整理应当遵循经济发展的客观规律和市场发展趋势，提升会计信息的精准性和全面性，为企业发展建设规划提供财务管理层面的信息依据，将短时间内企业管理的各

---

① 肖敏. 会计信息质量特征的研究与比较 [J]. 中国外资, 2011 (12): 135 – 136.

项数据连接起来，为企业长远规划提供参考，随着会计信息处理方式的不断升级，会计信息功能性会进一步加强，使企业有能力及时作出符合自身发展情况的战略决策，应对市场的不断变化给企业提出的各项挑战，促进公司治理完善。

1.3　我国财务会计信息质量特征

（1）真实性。随着社会的不断发展进步，会计行业的内部结构也逐渐发生演变，使其结构愈发复杂化。为了使会计信息质量能够更好地满足现时代企业发展需求，会计信息首要保证其真实性。早期我国财务会计信息质量一直都以真实性作为业内提法，直到 2006 年 7 月初美国财务会计准则委员会以及国际会计准则委员会在发布的会计国际联合趋同框架中提出了要改变真实性的提法，考虑其对于信息反映的程度不够清晰与严谨，需要重新寻找一个专业术语更确凿、更具针对性地传达真实性的实际内涵，于是便产生了"如实反映"。这一改变直接废除了真实性的提法，摒弃信息内容中的不确定性概念。"如实反映"的诞生能更真实、直观地反映出现实经济现象，更利于为用户提供准确的资源配置，引导用户作出正确决策。如实反映是指会计信息在核算的过程以及最终结果描述时，所表述出的信息内容与现实经济现象变化情况相统一。如实反映的主要特质表现在其与真实性对比的情况下更具验证性、完整性以及公允性。验证性是指在多个会计工作人员对信息进行审阅后所获得的会计信息与所表述出的经济现象和变化以及实际情况相符。公允性是指在出示财务报表时是否反映出其真实财务状况以及经营现状等，判断公允性主要基于下述两个方面：一是财务报表是否有在全部重大方面中公允反映，如果财务报表中不存在活跃市场，但其他类似机构中有符合条件的活跃市场，则以同类市场价格作为基础公允价值；二是活跃与非活跃市场，两者都采用公允价值的方法确定，而不同之处是，两者的定价方法不存在类似交易，而是采用估价技术作为评判的依据，最终确定其公允价值。根据自身特点和相关信息确定的规则、程序与方法，强调按照对所有利益攸关方相同的准则进行会计信息的生成。完整性是会计信息全面性的总称，包括会计信息获取过程中会计对象的清晰完整的变化以及其反映的信息内容。在掌握实际交易或事件的情况下，全面的信息有助于用户对会计信息的正确理解，并能通过实际理解情况进行精准把握和综合运用。真实性要求企业应如实、可靠地向客户反映实际经营或交易事项，确认符合识别标准和计量要求的各项财务信息，确保信息内容的真实性，并保证内容完整有用。企业应重点注意：一是要确认实际产生的信息的真实性，按照实际操作的成本计划进行准确计量，将准确的财务收支信息以及经营状况等如实地反映在财务报表中，不得将虚构或无效的交易事项纳入报告中。二是在保证企业运营效益的前提下，充分保障信息统计的完整性，其中涉及重要报告及财务报表等信息元素时，在未征得信息用户的同意下，不得擅自更改和瞒报应披露的信息内容。

（2）相关性。相关性通常是企业在管理过程中需要重点考虑的问题，关联要求就是企业在提供与业务有关的数据信息时，要根据信息用户需求为其出示与业务相关的信息元素，再由会计人员进行财务核算工作为客户提供财务报表。财务报表是企业为信息使用者提供的决策前提，有助于信息使用者依据报表中的内容对现有或未来状况作出预判。会计信息相关性的满意度则可以理解为企业必须具备良好的宏观经济理念与管理环境，在取得良好经营成果的前提下，不断加强其自身的经济管理需要。在此过程中，企业要为信息使用者提供具体的资金流动状况与相关信息元素，但考虑到财务报表使用者不同的信息需求，企业会在对会计信息处理时针对不同需求进行全面考量，实际上企业提供会计信息的本质是出于与信息使用者达成共同利益关系，对初期提供的会计信息基本是一种通用的信息报表，并不局限于对单个信息使用者的需求。事实上，对企业提供的会计信息的核查并不能完全满足信息使用者的共同需求，因此，企业提供的会计信息也需要进行适当的分析、总结与把握，才能满足不同利益相关者的信息需求。会计信息的相关性对人或事的需要满足程度，关键要看该信息能否有助于使用者证实或改善过去的有关预测，能否做到及时有效，对此信息的披露是否具有反馈价值，能够让使用者通过提供的会计信息预测企业未来的财务状况。预测会计信息的时效性需要及时收集，会计信息要及时处理并传递给使用者，如果信息更新不及时，最终信息将失去应有的作用与价值。相关性是会计信息质量的重要特性之一，在会计信息质量的相关性特征中，其主要的特征要素体现在预测和反馈价值，以及及时性等方面。预测价值是以会计信息使用者预测未来的能力为定位，其含义为会计信息所具备的能够赋予会计信息使用者预测未来能力的程度。对于会计信息的功能而言，要有效发挥会计信息提升决策水平的功能，就需要发挥预测价值，不断发掘和分析其中差异，提升信息预测的准确性。反馈价值是指信息使用者在使用信息时，能够通过信息内容证实或改善过去的有关预测，即在决策过程中可与之前的预测结果产生比较，从而改变结果，那么这份信息便具有了反馈价值。反馈价值的一个重要作用在于信息使用者可以通过所反馈的结果与最初作决策时的预期进行比较，在结果与预期相差甚远的情况下，将来再遇到类似需要决策的事件时，便能以此作为参考依据，因此，反馈价值也能促使信息使用者对未来的预期结果提前有所证实。会计信息及时性质量的高低取决于交易程序或信息反馈情况是否及时、相关和具有时效性①。

（3）可比性。会计信息的质量的可比性主要体现在：一是针对不同发展阶段的企业进行区别，比如不同的企业之间存在相同或类似的会计信息。二是如果企业之间存在相同或相似的会计信息，则可以通过此类信息基础对企业的经营状况进行管理。通过信息之间的对比，可以让信息使用者更准确地了解各项决策点的相同与不同之处。会计信息在报告实体与其他实体之间具有可比性，为保证会计信息的可比性，现行会计制度要求企业按照会计准则的要求，采用通用的方法和程序处理同一经济业务。这一要求的提出对会计信息来说有利也有弊，有利的是更吻合规定内的监管与控制；不利的是对于提供信息的方式与途径带来了一定的局限性。在大数据背景下，这种处理方式与"互联网＋会计"时代人性化、格式化的发展倾向相悖，应该通过合理利用大数据强化其实用性，这样才能起到事半功倍的效果。通过借助大数据，拓宽会计财务报告的流通平台与渠道，实现会计信息自由流动机制，在拓宽信息流通平台与渠道的同时，也加大了对比的范围与跨度，可以实现各行业与企业财务报告的公开访问比较，也可以更方便、快捷地跨时期实现不同企业之间的比较，对比后的结果能以更准确、直观的方式呈现，更容易发现事件中的异常变化。随着大数据时代的到来，会计信息呈现出多样的趋势，各期会计信息可以横向比较，也可以纵向比较。比较的会计信息具有指导意义，但不同方面的信息比较手段却呈现出愈发繁杂的景象，随着信息时代的发展，信息的数量以及比对方法都急剧增加，使会计人员的工作量不断加大，这在一定程度上也加大了会计工作的开展难度。在多个主体发生类似的经济业务时，则需要运用相同会计准则中的程序进行对比，虽然能够对总体趋势与异常变化加以限定，却不能以此规则限定结果作为直接体现，在对比结果中，哪些是正常体现，哪些是异常情况，都需要人为干涉提前设定比较规则，所以，如何合理有效地利用"互联

---

① 吴毅．公司治理与会计信息质量的相关性研究［J］．现代国企研究，2016（16）：136.

网＋会计"，提高会计工作人员的综合比对能力，也是现时段企业应该重点考虑的问题。

（4）一致性。一致性原则也被称为一贯性原则，要求会计人员在编制财务报表时严格按照会计准则委员会的相关条款执行，在核算前后期数据信息所反映出的现象应保持一致，除特殊状况外不能随意改动，信息内容要遵循企业实际运营状况，其中所叙述的内容必须与企业交易形式达成一致。一致性的设立是为了加强财务报表中数据的可比性，可以作为信息使用者对于信息比对的重要依据，以此来体现会计信息的价值。另外，一致性可以遏制人为对核算结果的干预，减少工作人员财务舞弊行为。在会计准则下，一致性原则所强调的变更要求不会对会计审计方法产生影响，如果采用的审计方式无法满足相关性要求，则需要作出改动，但是需要通过对审计方法进行充分优化，使报表中的信息得到完整披露。一致性原则通常情况下不会发生改动，仅在以下两种情况下才有可能出现变动：一是相关法律法规发生更新与改动，企业需要顺应规则变化作出调整时；二是变动能改善企业财务状况，大幅度增加企业利润时。会计审计要求要坚持一致性原则，能够有效限制会计主体在审计前后人为篡改信息数据，保证信息数据的使用价值，为信息使用者提供决策保障。虽然一致性强调会计审计方法应尽量保持数据信息的一致性，但如果企业因为特殊情况需要中途变更政策内容，应当及时在财务报表中披露作出变更的原因及内容，并将变更后对企业利益的增减影响予以明确表述。在大数据背景下，会计主体也开始将会计行业内所涉及的自会计政策范畴逐渐扩展至数据管理政策范畴。但从一致性原则视角出发，管理政策是在信息数据不断增加的基础上发生延展行为，如何使会计数据管理政策的范畴不断延展的同时，还能够使其在日后的行为准则和管理方针中同样遵守一致性原则，是企业亟待解决的问题。在企业进行活动时，通常会将公司不同部门或者与其他同类型公司之间的数据结果进行分析与比较，但是实际上不同公司之间都没有统一的比较标准，在会计流程和方法与数据选择方面也各不相同，由于缺乏样本，使某些类型的信息在收集与分析结果时都缺乏一致性。另外，在设置数据分析内容时，通常需要工作人员手动编程分析原理和比较方法，难以保证分析规则与分析结果的有效一致性。

（5）及时性。及时性是指会计人员需要在一定时间范围内将企业会计信息进行归纳、整理，形成财务报表并传达给信息使用者。及时性主要体现在对信息收集、处理以及传递的过程是否在规定的时间进行。在传统的会计行业里，企业对于信息数据的整合基本都是通过人力收集，以部门间相互传递作为主要方式，在制定财务报表与进行项目对接时，经常会出现信息不一致的现象，使对接出现滞后性。但随着信息技术的迅猛发展，使会计信息无论是在信息捕获方面还是在传输方面的时效性都得到了极大的提升，但也正因为如此，大量的信息涌入就需要付出更多的时间与精力对其进行梳理，才能保证会计信息的质量。由于会计信息统计具有关联性的特征，需要不断在基础数据上进行统计与核算，在信息量过大的情况下，难保中途不会出现信息漏算等失误，一旦发生失误，将导致后续数据连续出现问题。及时性要求信息传达的时间要具有时效性，过早或者过晚都会影响事件最终的处理进度。

（6）明晰性。明晰性实际上也可被解读为可理解性，就是要求会计人员所出示的信息内容必须具有简洁易懂的特质，能够轻而易举地被使用者理解。一般情况下，大多数信息使用者并不完全具备专业的会计能力，如果会计人员出示的财务信息过于复杂、专业，信息使用者就无法从信息中获得完整的内涵诠释，降低了会计信息的使用价值。可理解性需要以清晰的形式提供会计信息的分类、描述与呈现。在当今财务分析报告规则的隐含假设中，如果客户是客观的，并具备一定的商业服务或宏观经济学常识，具有对数据和信息进行充分分析的能力，但考虑到当今标准化财务分析报告中所蕴含的数据信息内容数量十分庞大且难以运用，使对会计数据信息进行表述的内容覆盖在少则数十页、多则上百页的会计报表附注中，给会计信息使用者带来一定的难度。在大数据背景下的会计系统，虽然其后台管理设计理念比较复杂，但操作界面却具有一定优势。"互联网＋会计"理论上可以提供涵盖数据存储结构和非结构化数据的多种形式的财务分析报告，能够更好地提高会计信息的可掌握性。信息过载是一个负面因素，因此，可以选择数据可视化作为一种合理有效的应对方式。互联网大数据促进了数据分析工具的改进，具有可以快速掌握的方式有效传达复杂分析结论的实用功能。数据可视化可以将需要反馈给客户的会计信息以图片、影像、PPT 动画等形式展示出来，更加直观、易懂、实用。通过数据可视化，能够强调数据信息的明晰性，客户可以在短时间内用更多直观方式获取更多有用的数据信息，有利于提高数据信息的可掌握性，适合财务人员识别和分析决策。根据图片、影像或动画中的数据信息链接，可追溯数据信息的因果关系，帮助客户更好地掌握会计信息。鉴于明晰性对于数据信息的重要性，会计人员在拟定财务报告时应充分遵循法规要求，具备对大数据信息准确捕获的能力，能够通过深度探析趋势性数据，满足信息使用者的不同需求。

（7）谨慎性。在企业发展过程中会面临一些不确定风险因素，这时就需要会计人员能够用自身的专业知识就风险会给企业造成的损失进行准确的评估，从而引导企业规避重大风险因素，将损失控制在最低范围。随着会计行业的不断发展渗透至会计信息处理的多个层面，通过会计行为准则的形式引导会计人员的行为规范。谨慎性最早是在中世纪被提出的，当时谨慎性主要是为了解决协议双方的矛盾而生，中世纪时的投资者更注重的是投资风险而不是投资收益。虽然改革开放后我国经济得到了迅速发展，但市场中诸多风险因素却没有因此减少。从我国市场经济发展层面来看，会计行业的人员综合素质良莠不齐，针对信息失真等方面的法律法规制定不尽完善。会计准则要求企业对信息的披露要做到真实有效，谨慎性原则对会计信息的真实性和相关性的要求较高。很多企业都面临着诸多的不确定性，无论是财务状况或收益统计中都存在着巨大的风险因素。因此，会计人员就需要发挥出自身的专业职责，对企业资产与收益进行职业判断，坚决杜绝企业在信息披露时进行瞒报，为了寻求利益而隐藏企业资产与收益，扭曲盈利与负债事实，误导信息使用者产生错误决策，造成不必要的经济损失。会计审计原则中要求"不能夸大或隐藏企业资产、收入、负债和费用"，财务报告的结果虽然能够体现出企业的实际运营状况，通常情况下，企业进行研发一般都是针对未来的收益，但是为了未来的收益进行研究投资，财务人员无法在没有确定结果的前提下，准确地对资产进行计量，因此，谨慎性在此时就显得尤为重要，可以通过将投资资金转化为费用计量，并在固定时间段内一次性划入管理费用中。谨慎性原则作为对不确定风险因素进行预判的一种方式，只有会计人员在编制财务报告时充分利用，才能发挥出其真正作用，谨慎性有利于报表内容的全面生成，能让信息使用者依据信息反馈作出清晰对比，从而发挥出信息数据引导决策的作用。

（8）完整性。完整性是指在传达经济现象信息过程中涵盖一切与之行为有关的必然条件，其中涵盖会计工作中所需要的财务凭证、报表以及全部所需资料等。完整性作为企业开展经济活动的先决条件，必须确保会计人员对每笔经济业务进行持续性的记录，确保企业在进行经济活动时获取的资源凭证具有真实性与及时性，符合全面性评估的标准。完整性不仅要求会计信息内容要符合信息使用者的决策需求，还要具有对经济现象如实反映的效用。就决策信息的最终有用性而言，完整的信息必须遵循国际会计准则理事会（IASB）的概念框架进行稳定的计量，但是在会计信息的产生过程中，工作人员首先需要对信息进行整理、筛选与分析，其次通过判断信息的实用程度，将重要资料进行计量编制，最后形成财务报表。经过以上的流程，反映经济现象的大部分信息都会被排除在系统之外，通过分析与过滤后留下的信息也是呈现出碎片化状态，必然会导致会计信息缺乏完整性。更重要的是，会计信息的生成与信息使用者的需求是从两种不同角度出发，信息生成是要以信息使用者的决策需求作为基础依据，在实际操作中，由于会计人员需要严格遵守会计准则的制约，可能会忽视一些信息中的重要元素，使报表反映结果出现偏差，因此，仅从财务报告中获取信息以了解经济现象并不能保证信息的完整性。为了使会计信息呈现方式更具完整性，美国会计学界在 20 世纪 60 年代和 70 年代中提出了"案例会计""数据库会计"等会计模块形式。在这种模块形式下，会计系统仅提供有关经济现象的初始信息，并尝试将信息处理选项权利传递给用户。但是，基于关系性数据库的会计系统只能存储系统能够识别的典型信息，而更多可以阐述经济现象的非典型信息却被排除在外。非典型信息是指除传统文字形式之外的图像、音视频等信息表现形式。非典型信息不是传统的会计信息记录形式，但却拥有补充传统会计信息的效用，具有更强诠释经济现象的能力。通过图像、音视频等多媒体形式对信息予以补充，能够更全面地反映出各项资产、规格、参数等信息，为用户提供完整的决策依据。以互联网为依托，实现信息共享的时代，会计行业发展的显著特点就在于传统信息能够以数字化进行表达与传递。随着互联网应用与人工智能的不断兴起，大数据时代的出现使会计信息收集与存储呈现出多样化，各种形式的经济现象反映信息通过各种平台渠道呈现出明显的扩展趋势，以数字化形式存储信息的数量也快速增长，而这其中大部分信息都是以非典型形式存在。在高度数字化的背景下，会计系统收集与诠释经济现象数据信息已经不完全依靠会计人员的筛选，而是可以将信息录入资料库，信息使用者可以通过特定的界面进入资料库获取所需的完整信息内容，不仅保留了信息的完整性，也提升了信息处理以及反馈的速度。

（9）重要性。由于企业经营性质不同，业务流程种类繁多，对于信息的需求量也是多而复杂，不同企业的业务流程所反映出的会计信息会存在一定的差异性，因此，在经过对比后，对于相对重要的核算任务就需要在信息处理时予以重点关注。如果在处理信息时出现纰漏，将会影响信息使用者的决策。重要性与完整性都是以信息使用者的需求作为界定，在为客户提供决策信息前要充分站在客户的角度考虑问题，以其对信息的要求作出准确预判，以此来保障信息质量能够达到客户需求的价值标准。但事实上传统会计模式还存在一定的弊端，大量信息在生成过程中都需要面临技术能力与信息成本限制，导致信息捕获困难重重，难以达到完整要求，客户只能选择性地从反映经济现象的信息中捕获自身需要的内容的部分碎片。在传统会计模式中，信息的筛选与编制通常都是掌握在会计人员手中，在编制过程中，在缺少与客户沟通的情况下，他们的选择很可能会使信息指向产生偏差。在大数据背景下，"互联网＋会计"平台一直秉持着以人为本的服务理念，坚持以客户需求为导向，为客户提供高质量的信息数据。数字信息化时代打破了以往会计信息创建技术能力的限制，在提高信息收集与传输速度的同时，降低了获取与创建信息的成本，提高了信息的利用率。通过发挥"互联网＋"优势，有效改善传统会计人员操作时容易遗漏信息的弊端，使信息的及时性、时效性、明晰性都得以更明确体现，会计信息系统也因此得以全面优化。

1.4　与国外会计信息质量特征的比较

美国财务会计准则委员会（FASB）汇编了美国会计协会（AAA）、美国会计原则委员会（APB）和美国注册会计师协会（AICPA）等专业会计组织关于会计信息质量特征的以往文献，率先区分了会计信息的质量特征和财务报告的目的，在财务会计概念公告系列中作出了更为全面的解释，主要包含以下几个方面：一是决策业务的关键即相关性和可靠性。相关性和可靠性是会计对管理决策有效的两个关键特征。通过提高管理决策的可靠性与相关性，能够使信息内容在经济效益大于成本和需求的约束下更加有效。相关性可以帮助会计人员确定客户需求，并依照资源信息预测分析过去、现在和未来事件的结果，并对危及客户利益的错误决策方向作出及时的评估与整改。相关性还包括用于预测分析、反馈和及时性的价值。预测分析的使用价值是指支持客户提高能够准确预测和分析过去和现在事件的不利影响的信息内容的质量。反馈价值是指使用中的信息能够明确表述客户先前期望或更改的信息内容的质量。及时性意味着在风险管理决策的影响消失之前将信息内容交付给信息使用者。可靠性要求信息要确保信息的准确性，是确保需要实施的内容得以实际呈现的有效方法。可靠性由三个部分组成，包括事项实施的真实性、可验证性与信息中立性。真实性与可验证性实质上是应用相同计量方法实现相对高水平的一致性体现。二是可比性与一致性起到次要的信息转换质量作用。可比性是允许客户通过内容辨别不同社会现象之间的同质性和差异性的数据质量。一致性意味着在不同阶段使用相同的会计系统与程度，对同一领域内相同的企业进行不同时间的对比，最终得出的反映结果相同。三是成本效益标准和信息的重要性。重要性是指会计在处理信息内容时，忽视了重要因素或将错误陈述内容传递给客户，客户可能会因无知错误引导而无法对危及利益的相关信息内容进行准确识别。成本效益标准通常具有普遍性，仅当应用程序的收益超过成本时，提供信息内容才是有效的。

IASC 是一个国际组织，它制定和发布国际财务报告准则（IAS），以促进各国会计实务的国际协调。财务报表的定性特征在 1989 年 7 月发布的《编制和呈报财务报表的框架》中，分别对可比性、相关性、可靠性和可理解性的关联进行了详细描述与补充。其中，相关性涵盖重要性，可靠性要求对信息进行表述时要注重如实反映，不能只反映表面形式而不注重实质，另外还包括了中立性、谨慎性与完整性，最后还提及了及时性、成本效益以及各种质量要求平衡等制约因素。在国际财务报告准则中，要求财务报表中呈现的内在信息质量必须具备能被信息使用者理解的特质。通常情况下，使用财务信息的客户需要具备一定的营销基础以及会计方面的知识储备，但并不代表所有客户都能花费大量时间与精力去深度研究信息，所以，在会计人员向信息者需求者出示可供决策所需的内容时，必须将企业运营状况以及财务情况清晰地反映在财务报告中。相关性在于影响信息使用者作出正确经济决策方面发挥着重要的作用，有用的数据信息能够帮助信息使用者评价过去、现在或预测未来事件，并支持纠正过去错误的评价行为，从而引导信息使用者的决策结果。与 FASB 对会计准则阐述观点不同之处是，IASC 认为相关性除了需要具有可验证性以及预测未来事项的能力外，更应该注重信息的重要性，可以有效避免在编制财务报表时出现信息遗漏，给客户造成不必要的损失。如果财务报表中的信息能够详细地对现实状况作出反映与披露，客户能依据信息中的资料作出正确的经济决策，那么这类信息便具有重要性。可靠性是指为客户作出决策依据的信息必须具有效用，信息中反馈的经济现象必须是能被信任的。可靠性注重对信息的实际反映能力，要求反映出的经济现象必须是真实的，在保证信息的中立性、谨慎性与完整性的同时，还要加强对实质的披露，而不能过于注重表面形式。如果所提供的信息如实反映了一项交易或其他需要反映的事项，就必须从经济现实角度进行反映，而不仅是依靠法律形式。在进行必要的预测时，必须以中立或谨慎的原则进行投机判断，避免随意增加资产收入价值或隐瞒负债金额，最终影响信息的准确度。为了使信息使用者更好地了解和分析企业财务状况和业绩的变化趋势，要求财务报表中的信息要能为使用者提供企业不同时期的财务报表数据，以及同期其他企业的数据，以供信息使用者可以依据信息作出比较，为此，要求信息必须能反映出同类交易的计量报告质量特征，并按照一致性要求对信息质量特征进行限定。质量要求之间的权衡是企业发展的关键环节，不同的质量要求之间的时效性与成本效益权衡是要有相互制约作用的。如果信息反馈不及时，即使内容再如实反映，也无法发挥出预期的信息效能。成本效益也就是利润成本平衡点，是一个常见的限制因素。在财务事件中，由于某种类型的信息质量差异，导致信息存在不同的定性特征，往往通过需要作出权衡和选择，以实现质量共性的平衡。成本效益要求两者之间要进行合理权衡，在避免忽视对方的同时，最大程度地满足用户作出经济决策的需求。

19 世纪中叶通过公司法规定了资产负债表的标准格式，但英国会计准则的发展历史相对比较曲折。英国会计准则的正式制定可以追溯到 20 世纪 60 年代。此前，一直由英格兰和威尔士特许会计师协会（ICAEW）发起的一些约定建议书作为参考，该建议书不具备实际的约束力，只是起到一些基础性的指导作用。1970 年，ICAEW 提出，会计实务应该注重统一性，并且需要具备会计准则相关目标。以此为基础，同年英国会计准则筹划委员会（ASSC）建立，并在此后的六年中，不断吸纳会计职业团体，实现 ASSC 的改组，并自此开始英国会计准则的正式制定过程。英国会计准则的制定以会计准则委员会（ASC）制订草案提交会计团体咨询委员会（CCAB）批准的模式，ASC 并没有制定会计准则的权力，并且在多小组工作制下，小组间不能达成一致意见。到 1990 年，ASC 被 ASB 取代，ASB 正式成为标准会计实务公告（SSAP）发布的正式机构。名义上，ASB 仍然隶属于会计团体咨询委员会，但本身还具有一定的官方成分，可以自行制定会计准则，也可以对之前 ASC 颁布的相关 SSAP 进行修订。英国会计准则委员会于 1999 年发表了财务报告原则公告，在公告中认为，会计信息质量应该被分为三个部分。第一个部分指的是与内容有关的信息质量；第二个部分是与报表有关的信息质量；第三个部分则是对信息质量的约束。其中与内容有关的信息质量主要由相关性和可靠性两部分构成。相关性可以包括预测价值和证实价值的相关内容，可靠性则包括如实反映、实质性、中立性、谨慎性以及完整性几个部分。与报表和表述有关的信息质量主要包括可比性和可理解性两个部分。可比性涵盖一致性和会计政策的充分披露的内容，可理解性包括汇总与分类和使用者的能力要求范畴。对信息质量的约束则指的是不同的质量标准均衡，另外还包括及时性、效益大于成本等。再加上质量作为先决性成分，体现了英国在真实性与公允性方面的质量信息要求，以上几个部分构成了英国会计准则的主要内容。ASB 指出，会计准则作为一种权威性说明，对特定交易和事项在财务报表中的反映起到指导性作用，要保障财务报表的真实性和公允性，就必须谨遵会计准则。英国公司法要求小型公司以外的任何公司都需要在财务报表中说明是否遵循了会计准则编制报表是否存在与会计准则极为不符的情况，并且需要作出原因解释。这表明英国的会计准则不仅仅代表会计实务的指导性权威准则还具有法律效力，从公司法角度承认了会计准则的有效性。

从质量特征的构成角度来进行会计准则国内外比较和分析，可以看到质量术语的不同。美国、英国和国际会计准则委员会所使用的具体会计信息质量术语并不相同，美国的质量特征名称叫作会计信息质量特征，英国将其命名为财务信息质量特征，国际会计准则委员会采用了财务报表的质量特征来进行定义，而我国主要使用会计信息质量要求来进行命名。具体到会计准则制定的机构，FASB、IASC、ASB 提出的会计信息质量特征大部分是一致的，都体现了相关性、可靠性、可比性、可理解性或者明晰性、重要性、如实反映、及时性、成本效益、一致性的相关思想。这些思想也体现了决策有用论对于会计信息质量特征的要求，符合决策有用论影响下的会计目标要求，属于认为实现会计目标应当采用的会计信息的基本质量特征。只有少数例如重要性、实质重于形式等会计信息质量特征是为其中几个国家单独所有。而我国在会计信息质量特征要求方面保持了和国际会计准则基本一致的思想，IASC 中涵盖了我国所有的会计信息质量特征的相关内容，但在限定条件方面和此等的信息质量特征方面采用了较短的篇幅来进行规定和约束。在对会计信息质量特征方面进行相关规定时，各个国家都依据自己的实际国情和会计目标进行制定，与国家的社会经济环境息息相关，反映了会计目标对于国家会计实务的指导性，也体现了一定的从实际出发的原则。从整体出发，FASB 和 IASC 提出的会计信息质量特征体系都具备严密的内在关系，从首要层次、次要层次和限定条件等几个方面作出系统性划分，但 FASB 在层次划分方面更加明确，借助财务框架可以加深对不同质量特征之间的理解，而 IASC 则具有表述更详细的优势。

从各质量特征的相互关系看，美国、英国、国际会计准则委员会建立了各质量特征互相作用、互相联系的多层次体系，但我国会计信息质量特征呈现出彼此独立的关系，还没有形成各会计信息质量特征之间的多层次体系，很难发挥合力的作用。从 FASB 发布的会计信息质量特征标准来看，将会计信息质量特征进行了多层次的划分，形成了一个多层次的质量特征体系，构建起内部各质量特征的关系。在 FASB 构建起的体系中，相关性和可靠性是最重要的两个会计信息质量特征。除了相关性和可靠性外，可比性和一致性可以作为次要质量特征层次构成，并且需要以效益大于成本和重要性为基础和限定。另外，FASB 还给会计信息质量特征设置了一个核心，就是决策有用观，这也是美国主流思想。会计信息质量特征必须围绕决策有用观为核心，为会计目标服务。IASC 对会计信息质量特征进行分析后，认为会计信息质量特征应该是由多层次、多部分内容组成的体系。体系应该进行层次划定，并且以主要质量特征、次要质量特征和限定因素作为三部分核心内容。IASC 对会计信息质量特征体系的划定比 FASB 层次性要少，并且各会计信息质量特征之间的联系关系也比 FASB 体系下的联系关系弱，也没有明确体现决策有用性为核心的思想。但 IASC 体系同样认为会计信息质量特征需要秉承决策有用性的相关原则。与 FASB 不同，IASC 还将可理解性和可比性的层次提升到相关性和重要性所在的首要层次，肯定了可理解性和可比性在会计信息质量特征结构中的重要作用。ASB 推出的会计信息质量特征体系也包含了三个部分及多个层次，各质量特征之间存在密切的内在联系。在 ASB 质量特征体系中，将相关性、可靠性、可理解性和可比性作为主要的质量特征，并且将这四种特征进行进一步分类，以服务对象不同作为分类依据，将会计信息质量特征体系划分为与内容有关的质量和与报表表述有关的质量，这样的分类方式使得质量特征的针对性得以凸显，并且还增加了完整性特征，赋予可比性更加明确的定义，要包含一致性和会计政策充分披露的相关内容。另外，FASB、IASC、ASB 提出的会计信息质量特征体系中，均含有成本效益的思想，即从会计信息中派生的效益应当高于信息成本，即使成本和收益都可能并不属于信息使用者，但成本效益原则依然应当作为会计信息质量特征体系的重要限定因素。

在会计信息质量特征归属方面，FASB、IASC、ASB 都已将会计信息质量特征并入国家财务会计概念框架，作为国家财务会计概念大框架的一部分发挥作用，并在财务会计概念框架中设立明确的会计目标，指明会计目标具体应该通过何种途径来实现，从而达到会计信息质量特征对会计目标实现的维护和促进作用。财务会计概念框架是国家进行会计准则评价的指导性理论体系，是国家层面会计行业的有效理论体系，虽不具备实质意义上的约束力，但仍对国家会计行业运行和会计信息质量特征具有重要作用。我国以基本准则为运行标准，体现了高度概括的特征，在国家财务会计概念框架和会计目标明确方面还存在有待提高的内容。在会计信息质量特征归属角度上，我国赋予会计信息质量特征较强的法律效力，可以作为法定的强制性措施，指导国家会计行业的运行和相关会计实务。但事实上，FASB、IASC、ASB 的做法可能更加具有实践意义，这主要是由会计信息质量特征的本质决定的。会计信息质量特征本身并不具备可操作性，是属于理论层面的一个概念。由于人们对于会计行业和会计实务的理解不同，即使面对完全相同的情况，同样参照会计信息质量特征体系，其选择的会计处理方法也不会完全相同。各会计信息质量特征之间存在一定的矛盾性和不确定性，采用何种会计信息质量特征为指导性思想完全依靠会计人员的专业素养进行判断。例如相关性、可靠性和重要性等，都含有相当的主观要素。因此，可以认为由于会计信息质量特征本身并不属于具有可操作性的指标，并不能对采用何种会计信息质量特征制定客观性的操作守则，只能依靠企业会计人员的专业能力进行主观判断。在面对同一环境时，不同会计人员出于知识结构和思想认识的不同，可能作出不同选择，但并不意味着这些会计人员没有执行会计信息质量特征原则，因此，赋予会计信息质量特征一定的法律效力，并不具备很强的实际意义。

　　会计信息质量特征可以理解为会计信息使用者在决策有用论的指导下，为实现企业会计目标而需要遵循的会计信息质量的具体要求，各国在会计信息质量的要求方面都作出了不同规定，分为四特征论、七特征论、十特征论等不同观点。四特征论就是美国会计学会提出的四个基本会计信息质量特征，分别是相关性、可验证性、公正性和可定量性。七特征论则是美国特鲁伯罗德委员会提出的，分为相关性与重要性、形式与实质等七项不同内容。十特征论则是IASC 提出的十项财务报表的质量特征，还增加了及时性和效益与成本两项限制要素。其中 FASB 将会计信息质量特征中的相关性和可靠性作为最重要的指标，其次是可比性，针对用户而言，可理解性也是重要的会计信息质量特征指标。IASB 设置的会计信息质量特征体系中，可理解性是最重要的指标，其次才是相关性和可靠性，然后是可比性。而我国会计准则中并没有对会计信息的质量特征进行规定，而是以会计核算一般原则的形式对各会计信息质量指标进行列明。只有英国将及时性和质量特征权衡的相关思想列入对会计信息质量特征的约束内容中，虽然都有相关性的要求，但具体的理解也并不相同。在英国的会计信息质量特征体系中，相关性以证实价值作为体现，而 IASB 则为相关性补充了重要性的内容。我国将及时性独立出来，作为与相关性并列的会计信息质量特性，对会计信息质量特征的整体情况进行补充。各国在会计信息质量特征内容中，最大的差别体现在可靠性特征方面。在对可靠性的理解中，如实反映和中立性都是公认的可靠性层面的内容，但有的国家在可靠性方面强调可检验性，有的则注重不存在重大失误，有的强调完整性和谨慎性，或者还有实质大于形式的思想。在可理解性方面，只有英国将可理解性作为对财务会计进行科学分类的基础，并需要依据信息使用者之间不同的理解能力和知识结构水平来提供不同层次的财务会计信息。

从现代会计制度的目标定位角度来看，现代会计总体框架大致可以分为财务会计和管理会计两大部分。财务会计旨在将企业的运行情况和财务状况披露给投资人或者是潜在的投资群体，发挥财务报表对企业经营情况和获取相关财务成果情况的展示作用。而管理会计则是面向企业管理层，通过帮助管理当局掌握企业运行情况，从而作出正确决策，提供相关的决策依据。从这个差异中可以看出，财务会计主要面向投资者和潜在投资者等利益相关者群体，基于过去已经发生的业务进行整理和总结，以既定事实作为财务报表出具的基本依据，强调财务信息的可追溯性和客观真实性，体现了受托责任论的相关原则。而管理会计面向的主要群体是企业的管理层，基于当前的财务数据对未来情况进行精准预测，以事态发展的基本规律作为依据，为管理者提供决策依据，体现的是决策有用论的重要思想。管理会计通过对企业当前财务数据的整理和分析，借助及时性和相关性的财务信息，为企业决策提供现实依据。因此，从会计目标定位角度看，讨论会计信息质量特征体系中的相关性和可靠性特征排序时，如果位于不同的出发点和角度，就会得到不同的观点，并且这两种观点都具有一定的科学性和理论性支持。FASB 采纳了决策有用论作为核心指导思想，进行会计目标的定位，因而认为相关性和可靠性是决策有用的最重要保障，并且特别强调了相关性更加符合决策有用的思想。IASC 沿用了这一基本思想，也以决策有用的观点作为会计信息质量特征体系的指导思想，明确了相关性和可靠性在会计质量信息特征中的重要作用。我国在进行会计信息质量特征的相关研究时，将财务会计和管理会计进行了有效区别，分别实行财务会计和管理会计下不同的会计信息质量特征体系，明确了双重目标为导向的会计信息质量特征体系构建思想。会计信息质量特征根据会计目标的不同和会计原则定位的不同而呈现不同的内容和结构。FASB 发出公告称，财务报告需要发挥帮助会计信息使用者对财务主体预期的现金收入等不确定信息进行评估的重要作用，国际会计准则也在决策有用论的基础上制定会计目标，在此影响下，美国和国际会计准则委员会明确了相关性作为会计信息质量特征的核心地位。

随着会计准则不断国际化的发展趋势，以 IASB 与 FASB 为首合作形成的概念框架不断深度探索着会计信息的定型特征，使会计准则不断完善，结构更加清晰。在大数据时代背景下，会计信息在内容方面已经广泛地做到"如实反映"，在增加了可理解性与可验证性的同时，信息的及时传递速度也得到了提升。随着全球化会计信息质量特征体系的不断完善，我国也应该紧跟时代发展步伐，通过借鉴发达国家先进的联合概念框架，逐步建立与完善我国特色会计信息质量体系，为信息使用者提供及时有效的决策依据。在 20 世纪 80 年代，FASB 首次将成本效益纳入信息质量体系中，此后国际会计准则委员会在颁布的概念框架中再次阐述了成本效益的重要性，认为成本效益具有一定的约束性，在企业进行项目决策时，成本占很大比重，是不可忽视的重要因素，所以有必要将其列入信息质量特征体系。而现阶段我国在会计信息质量特征体系中，仅是针对第 2 章会计准则中提及的基本原则作为参照，尚未形成对成本效益的明确确立。与发达国家相比，IASB 和 FASB 的概念框架都是在不一样的层级上区划了信息的品质与特点，尽管在架构改动后，每个层级呈现的内容都不一样，但整体构造通常却没有大幅度改变。鉴于会计信息质量特征的设立是为了更好地服务于信息使用者，所以，信息质量必须达到目标需求才能发挥出应有的作用。目前，信息质量特征已经是会计行业中必不可少的内容，是许多国家构建会计概念框架的重要组成部分，由此可见其的重要性。在我国的会计概念框架中针对信息质量特征的提及仅是遵循国际会计准则标准，难以达到符合我国国情发展的有利条件。因此，我国应该在满足信息使用者需求的同时，将符合当今基本国情的会计概念框架建设提上日程，并根据信息质量特征对结构分析进行不同区划以进一步明确信息质量特征的关联性与影响力。

根据对现行的会计信息流程以及信息质量特征的分析结果显示，信息质量特征主要反映在信息的生成、披露与使用质量三个方面，而三者间也具有相辅相成的特殊关联。在所有的信息质量特征中又被区分为两大类属，即首要特征与次要特征。首要特征主要针对信息的有用性为主要目的，其中包含信息的可验证性、中立性、相关性以及真实性。次要特征涵盖可比性、一致性、谨慎性与明晰性。虽然二者都是以信息使用者需求为中心，逐层对信息加以客观地处理与反映，并在特征关联下促使经济反映更注重于实质体现。但特质之间也会存在一些冲突与矛盾，尤其在真实性与相关性之间更为明显。真实性与相关性在理论上是无法共同存在于会计信息之中的，如果强行将其进行联系，势必会引发矛盾冲突。在会计信息的质量特征体现方面，要求其必须具备严谨的逻辑层次关系，只有这样，才能得到一个有序的、具有逻辑一致性和实际可操作性的系统。而在 IASB 与 FASB 设立的概念框架中，虽然逻辑层次关系较为鲜明，但到目前为止也未出台相关的制衡手段来改善真实性与相关性的冲突。按照以往结构流程来看，IASB 与 FASB 的概念框架设立更偏重于相关性表述。与FASB 和 IASB 不同，我国会计信息质量特征中的客观性实际上就是国际上所说的可靠性，并且我国的会计信息质量特征中认为，可靠性的重要性应当高于相关性，并且我国对可比性的阐释更加具体，分为一贯性和可比性两部分内容，并且进一步明确了可理解性要素，将其表述为明晰性，该种表述赋予可理解性新的内容，除了可理解性的要求外，还体现了及时性和实质重于形式的重要思想。为了迎合发展需要，必须要将信息的真实反映放在首位，才能确保企业所提供的数据是安全可靠的。可以借鉴 FASB 和 IASC 的概念框架，结合我国国情发展需要，加强对我国会计信息质量特征的精准识别，并依据识别结果对质量特征进行合理区分，具体到各层各级先后顺序以及重要程度，以此来协调真实性与相关性的逻辑平衡关系。如果二者在限定条件内发生冲突，需要优先结合对我国会计行业作业水平的整体考量，对各种制约条件进行明确的划分，突出与明确它们在整个概念框架中的层级关系，并以确保质量特征的真实性作为首要遵循。在财务报表生成过程中，生成的信息以及披露的内容质量将直接关系到信息使用者的最终决策，所以，必须要立足于我国现代的发展需要，把数据的真实性置于前位，合理解决特征体系中的本质冲突，才能突出信息质量的特征层次作用，使信息真正满足决策者的需求。

会计信息质量特质的体现主要依附于会计行业服务的目标对象，FASB 曾在第 1 号概念公告中明确指出，"财务报告中披露的信息，必须以能帮助信息使用者评估企业运营状况、资金明细以及其他不确定因素为目的的基本原则。"在 FASB 提出这一准则后，国际会计准则委员会也对该项准则进行了采纳，并针对会计目标进行了重新定位，即"决策有用观"。由于不同的文化背景差异，FASB 与 IASC 在制定准则时会更注重偏向于信息数据的相关性，而我国自古以来都是讲究"诚信为本"，与"决策有用观"相比，我国财务会计信息质量的首要体现更偏向于"受托责任观"，认为秉持着对客户负责才是符合我国国情的发展理念。从会计信息的角度来看，由于我国强调责任观大于相关性，因此，在成本计量时通常都会使用历史计量模式，可能会忽略资源拥有者在资源配置中的作用，难以正确理解潜在投资者的利益和需求，逐渐降低其改进会计信息的意愿，难以使会计信息的质量得到保障。虽然与其他国家相比，我国会计信息概念框架还不尽完善，但我国首要遵循"受托责任观"并不代表否认"决策有用观"，根据新经济时代的特点，国际化发展已经成为必然趋势，通过借鉴"决策有用观"，能够有效提升我国在国际市场中的竞争力。因此，我国的会计目标定位需要走责任和决策有用的双目标路线，这样才能使我国会计信息质量扩大到与国际变化相适应。会计的目的是强调会计信息对信息使用者的相关性和有用性，并通过提供会计信息以帮助客户作出正确决策。财务报告的目的是真实反映受托责任在委托资源管理和使用中的责任和结果，财务报告应具有反映企业历史和其他相关信息的作用。重点是要强调信息的真实性，这种观点的局限性在于会计概念框架的制定要完整且具有层次性，只有完善的会计制度才能保证最后提供的资料信息具有准确性。通过利用"双目标"构建我国会计概念框架是一项艰巨的难题，在实际操作时，很难维持"决策有用观"与"受托责任观"之间的平衡，因此，采用何种手段解决与突破根源性问题，是我国会计信息质量发展目前亟待解决的问题①。

---

① 陶凡俐，李小娟，李秀. 中外会计信息质量特征的比较与借鉴［J］. 当代经理人，2006（9）：9 - 10.

第 2 章

大数据对企业会计信息质量的影响

2.1　大数据背景下会计信息的特点

（1）共享会计资源。大数据技术与互联网技术紧密连接，互联网技术为大数据的产生和发展提供了基本载体。麦肯锡咨询公司将大数据定义为一种数据集，它们的大小已经超出常规数据库工具进行获取储存和分析的范围，因而被称为大数据。在该概念中，没有具体限制大数据的最低 TB 值，脱离了以一个简单的数字概念定义大数据的限制。维基百科也解释了关于大数据的定义，大数据是指一些巨量的资料，这些巨量资料由于规模太大，已经不能通过使用当前各大主流的软件来进行获取和分析，从而为企业提供经营决策方面的参考。因此，大数据面向的必然是巨量的数据，其所涵盖的数据量、信息量无法靠人们想象达到，也无法在合理的时间之内迅速进行获取和分析处理，也无法使用一些常规的方法进行简单保存。当大数据信息的使用者需要通过分析整理从而能够从这些巨量的信息中获取有用信息时，大数据会将这些行为数据进行搜集，构建一个巨型的信息库。人们通过在信息库中根据自身需求进行检索，借助大数据进行相关分析，为人们的行为决策起到一定的借鉴作用。随着大数据平台的兴起，会计信息的披露方式也越来越多样化，尤其在信息资源共享方面尤为突出。在大数据背景下，企业财务信息共享与披露方式已不再局限于以往的书面报表形式，各种商业组织持有的关于企业数据都可以通过创建数据相关信息或执行的特定操作输入至大数据共享资源平台，使各个工作场所都可以在相关平台共享所有信息与资源。通过大数据收集、提供信息数据资源能够使信息反映出的层次更加清晰，在拓宽企业披露信息的方法与手段的同时，也使会计信息更加具备及时性。通过共享平台收集、分析和处理信息数据，能够快速对不同种类数据进行分类处理，以满足不同类型信息用户的需求。除此之外，通过大数据平台还可以整合企业社会责任报告、企业利益相关者，各类网站、报纸杂志、新闻媒体等提供的非财务会计信息，共享分布在各地的社会责任信息所揭示的数据。持续的信息共享不但可以促进信息使用者及时地获取信息并作出相关决策，还能使政府等信息使用者及时有效地对企业的经营状况作出准确评估。共享平台的披露方式多元化，有助于优化大数据环境中的企业社会责任绩效，促使企业自觉履行社会责任，使披露信息更加透明化、准确化。

（2）会计信息的实时交互性。传统的会计信息交互方式不论在沟通或是实时性方面都存在一定弊端。传统会计对于信息处理需要经过大量烦琐的步骤，需要经由不同的部门对不同类型信息进行收集与整理，最终以报表形式与相关部门进行交接。在此过程中，由于信息是处于相互独立的状态，部门之间缺乏紧密的沟通，非常不利于信息反馈的及时性与准确性。而随着大数据信息技术的普遍应用，完美解决部门之间对接不及时的弊端。会计部门可以实时通过互联网从相关平台获取所需信息，亦可通过互联网将整合完毕的会计信息反馈给各个部门。通过大数据平台对信息进行实时交互，可以将信息核算效能提升至最大化，会计信息能够很快被信息使用者掌握与了解。企业需要及时获取有价值的信息才能够正确把握关于生产和经营方面的最新动向，并根据市场发展动态作出相关经营策略调整，因此，生产企业对于会计信息的实时性要求相较其他普通企业会更高。在大数据时代背景下，会计信息已全面实现了互联网交互，在实时性与准确性方面都得到了提升，为企业的生产和经营方面提供了强有力的数据支持。

（3）会计信息的高速性。随着数据信息时代不断发展，信息处理的高速性已成为这个时代最普遍的基础前提。对于网上产生的交易，如果没能及时对财务信息进行处理，将会累积大量数据，而在这其中，不乏会出现收入亏损等问题。因此，面对部分交易产生的数据丢失，最好的方法就是提高处理信息的效率，及时解决与处理出现的财务问题。要想全面提升信息处理的速度，硬件设施的改善是必不可少的。企业可以利用一些大型数据处理设备来加快财务数据的整合，通过引进处理能力强大的核算系统，可以有效缩短会计信息核算周期。并且，高效的核算系统，不仅具备快速有效地处理数据的能力，还可以对大量数据进行存储，更利于企业获取更加准确的会计信息。利用电子设备替代人工操作，在提高准确度的同时也能大大减少人力成本。当核算系统可以为企业带来更大的应用价值时，企业的经营发展也会更加稳定。除此之外，目前传统会计票据已全面被电子单据所取代。与以往纸质票据相比，电子单据的表现形式更为丰富，其中包括电子票据、机打发票等。电子单据的出现改变了传统纸质票据编写迟缓、信息核算慢的弊端。尤其是在现代市场瞬息万变的情况下，电子单据的出现加快了信息传输的速度，大大提高了会计信息效率。

2.2 大数据时代会计信息应用价值

（1）决策支持价值。大数据时代要对会计信息形成正确认识，就要掌握会计信息的应用价值。其中，决策支持价值对于企业建设发展具有重要的影响作用，把握会计信息管理的决策支持价值能够保障企业制定各项决策的准确性，优化企业会计改革成效，正确认识传统企业会计工作模式中存在的各项不足，提供针对性的解决方案。从传统企业会计工作模式来看，会计岗位的主要职能就是通过财务报告反映相关的财务活动，由于行业发展信息限制与沟通的闭塞性特点，在传统企业会计工作中，要对有价值信息进行挖掘、分析和整理存在一定的难度。为此，能够获取的对决策有价值的信息数量较少，并且质量参差不齐，在这种情况下，企业领导者在需要作出商业决策时往往只能依照自己的主观直觉和行业经验，在决策准确性方面缺乏必要保障，很容易出现由于领导者主观直觉的偏差引起的决策失误现象。在大数据时代背景影响下，企业的会计人员可以利用大数据技术对市场信息进行捕捉和分析，对行业发展趋势作出准确预判，为企业领导层提供更加具有参考意义的价值信息。当企业需要方向性决策时，财务会计人员可以提供丰富的有价值信息，帮助领导者了解企业运行现状及外部环境等重要信息，从而提升决策准确性，实现企业的稳定发展。

（2）预测支持价值。由于传统会计工作内外部环境和技术因素的限制，企业会计工作人员自身能够承载的功能受到一定程度的限制，只能完成一些财务活动的记录和财务报表的归档等基础工作，基本无法进行一些财务情况的预测活动。但大数据时代背景改变了这一情形，使企业会计工作人员提供预测性会计信息成为可能。在大数据技术的影响下，企业在会计信息管理过程中存在一定的预测性功能，也提升了会计岗位在企业岗位结构和企业发展战略中的地位，实现了会计信息管理的价值。在企业进行关于销售环节的会计信息管理过程中，会计人员能够将销售过程中对会计信息管理产生的需求通过大数据技术应用进行分析，并从消费者偏好、地域因素、身份信息等多个维度建立预测模型，对客户群体展开智能化分析，并且能够根据所得出的分析结果拟定科学化的营销方案，提升营销方案的针对性和成功率。会计信息管理的预测支持价值能够为企业在开发潜在客户群体方面起到明显价值，能够帮助企业建立关于会计信息管理和其他业务流程的预测模型，并进行相应策略的分析和管理，发挥其预测功能，帮助企业实现工作效率的提升和新市场的有效开拓。

（3）控制支持价值。大数据时代会计信息还具有控制支持价值，主要表现在帮助企业进行有效风险管控，应对市场变动，保障数据资产和会计信息安全。在大数据时代背景下，企业会计能够从日常的经营活动中进行相关财务信息的捕捉和记录，形成财务报告，将财务报告中体现出来的有价值信息进行分析，全方位了解市场发展动态和企业运行现状。想要进一步实现企业会计信息应用价值的提升及优化，就要正确发挥控制支持价值的作用，结合大数据技术积极探索会计信息在控制支持价值方面能够对推进企业财务管理工作改革升级的积极作用，加快企业信息化建设进程。在会计信息控制支持价值的影响下，企业的管理层能够实现对企业发展的有效控制，通过及时的自查发现企业运行过程中可能存在的风险隐患和不足之处，从而从预防角度入手进行企业运行风险的合理管控，帮助企业实现运行环境方面的保障。另外，控制支持价值还体现在对企业内部运行秩序的优化上，通过大数据时代会计信息的控制支持价值，能够对企业进行风险管控能力提升起到积极作用，实现企业运行风险的有效降低，优化企业的管理秩序和内控效果，正确利用企业会计信息的控制支持价值创造更大的收益。

（4）评价支持价值。企业会计信息还具有评价支持价值，可以对企业内部的员工工作效率、机构设置和各业务流程的运行情况进行评价。通过发挥会计信息的评价支持价值，能够对企业内部运行过程中的各项项目运行进行监察和评价。在评价过程中，要将大量的非财务信息进行整合分析，这对于传统会计工作模式而言几乎是不可能实现的。但随着大数据技术的不断深化，使企业会计职能得到升级，能够处理大量的数据信息，并正常开展评价工作。因此，在信息安全中心的帮助下，企业会计信息正确发挥评价支持价值，能够帮助企业进行科学的决策方案制定，提升企业数据资产信息的安全防护，为会计信息提供安全的环境，从而促进会计信息优化及企业工作效率的提升。在大数据时代背景下，企业会计人员可以通过对信息资源的合理运用，对其中的有价值信息进行整合与分析，将企业内部和外部的信息进行有机结合和挖掘，定位进行评价活动所需的价值信息，作为业绩评价的相关依据，还可以从客户价值的角度开展评价工作，将得出的结果用于支撑会计信息评价功能，提升企业的综合管理质量。

2.3　大数据给会计信息带来的变化

（1）大数据下会计信息数据存储变化。大数据又被称作巨量资料，无法使用当前的主流软件等对大数据信息进行及时分析处理和转化，生成决策建议。为此，大数据给会计信息带来了数据存储方式的变化。在大数据技术影响下，传统的抽样统计已经不足以正确反映市场行业的最新动态，并且大数据技术的不断升级为实现全面统计创造了条件。因此，在大数据背景影响下，企业不仅需要了解消费者习惯、具体经济业务情况和供应商状态等，其能够获得的资讯范围被大大增加。在这个基础上，对于会计信息数据的存储发生了变化，在存储量和存储方式上都有所改变。而且，随着会计数据分析重点的转移，大数据为会计信息数据存储提出了更加严格的要求。首先，在会计信息数据存储方面需要在良莠不齐的会计信息中进行迅速识别，正确判断数据之间的关系；其次，要对存储的信息数据进行准确分析，从而实现对于未来财务发展的科学预测。对于会计信息而言，存储的变化使得企业会计人员需要具备更加专业化的信息分析能力，找到数据间关系，将全面和高效作为财务管理的基本原则。

（2）大数据下会计信息数据分析方式变化。在大数据影响下，会计信息数据分析方式发生了变化，作为企业会计人员，其主要职能是对过去发生的财务活动进行反映和分析，及时处理会计信息，生成财务报告。其进行数据分析主要是对一些财务活动的结果进行分析。但随着大数据的展开，会计信息数据的分析方式发生了变化，数据分析的水准得到提升。而且，从会计职能及数据分析方式来看，大数据影响下的财务管理模式不仅只关注结果性数据，对于财务活动的过程也给予了充分的关注。在这个基础上，企业会计职能具有了一定的前瞻性，可以从预测方面为企业提供投资决策建议和财务运行管理相关意见。从会计信息数据分析方式来看，在企业财务人员进行会计信息收集时，能够利用大数据技术获取更加详细和准确的外部信息，扩充了信息库容量。在信息总量提升的基础上，能够获取更多有价值的信息，为企业提供更加具体的发展建议。在信息质量不断优化的前提下，企业有机会发掘自身运行过程中可能存在的一些不足，并可以针对性分析可行性解决优化方案，实现企业价值的提升，打造独特的竞争优势。大数据技术使得会计分析实现纵横双向深化成为可能。在大数据技术的帮助下，企业财务人员能够更加精准地把握市场发展趋势，了解市场的最新需求和行业最新变化，能够帮助企业进行前景评估和产品优势打造，从而实现知己知彼，赢得市场竞争。

（3）大数据下会计信息搜集方式变化。在大数据时代背景下，更快速、更高效地从数据库中获取有价值信息成为可能，会计信息的搜集方式也发生了变化。大数据在规模大、类型多、速度快、价值密度低等方面的特性，给会计信息搜集带来了前所未有的机遇，改变了传统会计信息搜集方式和工作模式，使会计职能更加具有综合性。由于大数据技术提升了数据传输和处理的速度，对于企业而言面临更大的市场竞争压力，为此，企业纷纷在会计信息管理方面提出更加严格的要求。在大数据背景下，基于信息技术平台和工具进行信息的传输必须符合准确性和及时性方面的要求，从而实现数据的快速传递。但会计主体面临着形式多样、结构复杂的会计信息，在搜集和处理方式方面必须作出改变，从而保障会计信息的时效性。因此，大数据背景下，会计信息的搜集方式发生了变化，对信息搜集的时效性要求更加严格，并且会计信息库的数据量也得到空前增长，会计数据的内涵更加丰富，对于企业会计人员而言造成了一定压力。在大数据技术影响下，相关会计信息搜集的工作量骤然增加，并且由于大量非结构性会计信息的存在，会计数据收集的难度也大大提升。

2.4 大数据对企业会计信息质量的影响

2.4.1 有利影响

（1）提高数据的可靠性。信息活跃度得到提升，大量数据信息产生并高速流通。大数据时代的到来使得信息网络技术得到迅速发展，并改变了人们的生产生活方式，重新定义了信息交流的渠道和信息流通方式，激发了新兴信息产业的发展，这对传统会计工作方式和会计人员的能力结构提出了更加严格的要求。在企业运行的过程中，大量的数据和信息产生出来，这些信息既涵盖了企业运行过程中内部的相关数据，也反映出了市场发展趋势等相关信息。借助于大数据技术，这些信息得以流通和传播，使会计信息结构更加丰富，也提升了数据的可获得性和可靠性，加快了不同单位之间的信息共享。信息处理方式有效转型升级，提升会计信息管理效率。在大数据时代背景下，信息实现高速的流通，对企业会计信息质量产生了深远影响。大量的信息聚集，信息管理难度提升，丰富了人们获取信息的来源，也带来了信息处理方式的转变升级。传统的信息处理方式已经不足以应对大数据时代背景，需要高效率的信息发掘模式，最大程度实现信息的可视化，从信息结构的角度进行整理，提升会计信息管理效率和会计信息可靠性。同时，大数据技术突破了样本选取时的限制，以总体样本替代传统的随机抽样，大大提升了样本的代表性，避免会计业务人员在样本选取时的主观性，提升了会计信息管理的可靠性。从客观性角度提升数据的可靠性。对于会计信息而言，可靠性是会计信息质量的基本特性，而客观性是会计信息可靠性的重要基础。大数据技术能够从客观性的角度不断优化财务管理模式，在客观性原则的要求下，会计核算必须要基于已经发生的经济业务为前提进行，真正反映企业运行的财务状况，做到内容可靠，数字准确，这也是会计工作的基本要求。大数据的发展影响了传统会计的工作方式，但当前乃至将来，企业会计工作依旧会保持客观性为重要基础，并且涵盖了一些社会化活动的痕迹，在大数据技术的基础上保持会计信息的客观性，能够有效提升会计信息的可靠性，发挥大数据技术在保障会计信息可靠性方面的独特优势。

（2）增强会计信息的及时性。对传统信息处理方式进行转型升级。会计信息的及时性指的是通过对已经发生交易的及时确认，将会计信息的确认和报告控制在会计业务发生之时。在传统的信息处理方式上，企业的会计信息是依靠不同部门之间进行传递和沟通，而实际在市场上信息依靠的是行业披露，这就使企业的会计信息相关数据存在一定的局限性。这种信息的不对称性影响了企业的决策质量，容易因为企业在信息数据方面的滞后性而造成决策失误，从而存在因信息不对称性而产生一些损失的潜在风险，对企业的生存和发展造成负面影响。因此，大数据对会计信息及时性的增强作用就显现出来，通过大数据技术提升会计信息的及时性，能够在一定程度上降低这些风险。通过财务共享平台增强会计信息的及时性。大数据技术对于会计信息的及时性主要通过信息处理方式的转变体现，在企业内部，会计信息的及时性可以通过借助大数据技术搭建财务共享平台来实现。会计信息通过在财务共享平台上进行的高速交流和共享，能够有效简化企业内部信息传递的流程，将企业财务状况和经营成果进行展示，提升信息流通效率和企业工作效率，优化企业内部流程。企业在财务共享平台的帮助下，能够及时处理相关信息，进行相关会计信息处理工作，有效保障了会计信息的及时性。加强市场信息的传递和掌握，增加会计信息处理工作的灵活性。大数据技术对会计信息及时性的积极影响还体现在加强市场信息的传递方面。在大数据技术的加持下，企业会计人员可以迅速捕捉市场最新信息，呈现于财务报告中，增加会计信息处理工作的及时性和灵活性。在大数据技术的帮助下，会计人员能够更加了解和捕捉市场上的各项信息数据，认识市场发展的最新动态，对这些信息数据进行及时的处理和转化，有效提升会计信息管理工作效率，并且也能够提供灵活性的会计信息处理模式，进一步加强了会计信息的及时性和有效性，提升了企业财务管理质量。大数据具有传播迅速的显著特点，承载着互联网技术高速发展的特快列车，信息在产生和传播的过程中呈现越来越高效便利的特点，也发展出了多样化的传播路径和方法。资源共享的程度不断加深，信息呈现多元化分布趋势，各种结构性数据、非结构性数据、行业数据等，有来自第一手的数据，也有经过整合后的二手数据，数据数量规模巨大，信息使用者可以根据自己需求获取会计信息，实时获取会计信息最新数据并不断加快会计信息的处理速度，出具企业财务报表，满足会计信息使用者对于会计信息处理周期由年度周期向短期缩短的需求。在这个趋势的影响下，企业能够借助大数据技术随时获取有效会计信息，为企业提供更加及时和客观的决策依据。在大数据时代背景下，在会计信息产生之后，将凭借更便捷的发布途径和更快的传播速度迅速向市场进行传播，影响市场会计信息总体和信息搜集者使用该类信息作出的市场发展相关评价及决策等。为了充分发挥会计信息对于企业决策的依据作用，人们对于数据时效性的要求越来越高，从周期性数据向实时数据转变。作为决策依据，实时数据能够起到比周期性数据更加明显的数据价值，更加能够适应大数据时代的要求，会计信息的需求者可以获取实时性的数据信息，有效提升决策科学性和准确性。在大数据技术的基础上，会计信息的时效性得以大幅度提升，公司进行会计信息披露也更加规范，能够有效帮助企业树立良好形象，获取公众信任度，提升投资者的信心，实现上市公司公共关系的持续优化。在高时效性的企业会计信息和非财务类信息的公布过程中，公司可以向社会和市场介绍财务发展情况和公司运营的相关成果，将公司积极的发展前景和良好的企业形象传达到公众当中，不断扩大潜在投资者的规模，为公司顺利获得投资、实现融资建立基础。社会公众和组织可以凭借公司披露的会计信息对企业进行监督，为企业带来管理优化的压力，不断提升竞争实力。

　　（3）提高会计信息质量。大数据具有数据信息量巨大的显著特点，多种类型的信息都凭借着大数据技术渠道进行承载和传播，在这个趋势下，会计信息的数量和质量得到进一步的提升。在信息技术高速发展浪潮的影响下，企业能够突破传统信息获取的方式，从多种渠道和途径获取更加多元化、便捷化、全面化的信息，信息获取成本降低。会计信息作为市场经济稳定运行的重要基础，大数据技术能够实现会计信息数量和质量的提升，避免会计信息不足和失真现象的发生，使会计信息能够如实反映企业运行情况，帮助企业管理者进行企业管理，也可以为投资者作出科学决策奠定基础，也有利于保障资本市场的稳定健康运行。当今时代，信息更新的速度非常快，这就对企业的会计信息收集处理能力形成了一定挑战。在大数据技术全面升级的时代趋势下，面对数量巨大且以很快的速度更新的信息群，企业需要具备敏锐捕捉、迅速收集、精准处理的基本能力，才能够作出有益于企业发展的各项正确决策，不被激烈的时代洪流所淘汰。借助人工智能和云计算等技术，能够提升企业的信息处理能力，为大数据时代企业会计信息质量的提升奠定基础，形成对市场发展方向的准确预判和公司决策的正确预测。在强大的信息检索技术帮助下，大数据能够迅速定位并准确迎合市场需求，将结构化数据与非结构化数据结合起来，对有用信息进行综合检索。通过建立群组的方式，从多个维度进行信息的采集和统计，捕捉市场发展信号，搭建结构化的决策建议体系，提升预判和决策的准确性。在大数据技术的帮助下，企业的会计人员能够将企业自身运行和市场发展相关信息迅速进行呈现，对公允价值进行准确估值，打造多元化的计量属性，根据企业建设发展的不同阶段和企业的实际需求对这些信息进行收集筛选和整理，从数量巨大的信息流中获取于企业建设发展和进行市场开拓的有用信息，加强对市场环境和企业运行情况的掌握。

（4）会计信息更具透明度。会计信息的透明度依赖信息公示制度得以实现，提升会计信息透明度有助于让投资者了解企业运行情况，有助于保护投资者的利益，在经营权和所有权分离的状态下，实时掌握公司经营情况，帮助投资者实现科学决策。在大数据时代的背景下，会计信息透明度突破传统模式实现有效提升。随着中国特色现代化建设进程的不断推进，在国家和政府的引导下，现代企业制度得以不断完善升级，在此过程中，为了发挥政府各职能部门和行业协会等组织对企业发展的监督管理作用，颁布出台了一系列措施，保障企业会计信息分享程度的不断提升，实现会计信息透明度的有效提升，信息获取者和搜集者可以借助网络获取大量的实时会计信息，降低了信息搜集的难度。大数据技术带来了互联网技术的不断成熟和区块链等信息技术的高速发展，这些技术的进步为会计信息透明度的提升创造了基本条件。在互联网技术的基础上，信息获取的成本大大降低，这种新型发展趋势改变了过去信息需求者对行业整体状况进行把控的难度，对于信息需求者和使用者而言，只需要通过互联网技术进行有效搜索和筛选，就可以获得大量数据，结合数据处理和分析工具，就能够了解市场和行业发展情况。各市场主体进行会计信息搜集整理后，又将财务分析成果汇入大数据集合，以此不断提升会计信息的透明度和真实性，实现数据实用性方面的不断突破。随着会计企业信息透明度不断提升，过去不需要进行披露的相关数据已经不再是企业核心机密，按照市场和法律的要求，企业需要将一些会计信息进行规范披露，在市场中还有一些专门的机构将企业披露出的会计信息进行搜集和整理，研究企业运行情况和市场调研结果后进行发布，提升市场会计信息资源共享程度。在这样的时代发展趋势下，信息需求者通过使用网络搜索，获取市场上有用的会计信息，了解行业统计的相关结果。投资者可以对上市公司的整体效益进行了解，通过对企业发展前景的判定和科学证券估价，权衡投资风险和收益，作出合理的财务决策。

2.4.2　消极影响

（1）造成会计信息失真问题。大数据技术可能导致会计信息的造假现象。大数据对企业会计信息质量存在一定消极影响。在大数据环境下，会计信息的真实性受到一定挑战，可能导致一些造假现象。在大数据环境下，信息传输速度提升，可以从很多不同的渠道获取市场层面的最新信息，会计信息的总体数量和规模都得到大幅度增长，信息的传播范围也扩大了许多，在这样的变化下，会计信息的真实性受到冲击，大量虚假信息造成了隐患，有时还会导致一些损失。对企业的会计数据信息管理能力形成了一定考验，只有具备了成熟的会计数据信息管理能力，才能有效保障信息真实性，维护企业的运行秩序，反之则会造成潜在的风险和损失。随着大数据技术的不断进步革新，信息技术水平得到显著提升，信息技术的升级速度加快，改变了人们的工作和生活方式。在会计相关业务进行过程中，会计人员可以通过不同渠道搜集、挖掘数据，通过有效整理，完成会计相关业务。但这个过程中对信息使用者的筛选和判断能力形成了一定的考验，加大了工作难度。由于会计信息数量的增加，信息使用者想要获得自己需要的信息，就需要投入更多的时间和精力去进行筛选，并且还需要具备一定的判断能力，能够快速筛选出自己需要的信息。如果会计业务人员在筛选和判断会计信息质量方面不具备充分的能力，就会影响工作效率，或者因受到干扰使用了错误信息等，就会对会计信息应用产生消极影响。从时效性和完整性方面影响会计信息真实性。在互联网技术的基础上，人们获取会计信息的时效性和信息传输与流通的速度大大提升，随之而来的是一些劣质的会计信息也加快了传输速度，迅速扩散开来，造成不良的影响。这些劣质信息干扰会计人员的判断，如企业没有对会计信息实现精准控制，就会影响会计信息的及时性，由于时效性出现滞后对会计信息的真实性产生消极影响。由于信息的碎片化分布，容易从完整性方面影响会计信息真实性，对信息分析系统存在一定风险，加大了企业会计信息质量把控和相关决策的难度。

（2）会计信息处理问题。大数据技术的成熟极大地方便了会计信息的获取，人们可以运用互联网技术从多种渠道获取最新的数据信息。对于普通的信息需求者而言，想要从这些信息群中通过有效筛选来获取有用的信息尚且存在一定的难度，对数据进行相关分析就更难了，同时也为企业带来了会计信息处理能力的相关挑战。对于企业会计人员而言，需要面对众多纷乱复杂的信息，面对大量的初始信息，将对企业发展有积极作用的信息进行准确定位和有效提炼，突破多样化的信息形式，进行信息分析和整理，这加大了企业会计人员的工作能力考验。会计信息处理方式的转变也对企业会计人员提出了更高的要求，在会计信息处理方面受到大数据技术的影响。在大数据时代背景下，会计信息数据类型呈现多元化特征分布，信息处理的难度不断提升，一些企业会计人员停留在传统会计信息处理模式的单一需求结构层面，无法适应新的会计信息处理方式。传统的会计信息处理模式只需要面对单一的、少量的、关联性较强的数据群，要筛选企业的有用信息相对难度较低。随着大数据时代的到来，信息数据之间早已不再停留在因果、链条等简单关系中，信息的关联性也大大降低，会计人员必须迅速适应信息数据的新型结构，否则就会被时代淘汰。在会计信息处理方面，企业会计人员在完成对数据集的真实性筛选之后，还要兼顾其完整性和关联性，虽然凭借多元化的信息获取渠道能够极大降低信息获取的成本，但是在会计信息处理方面又需要面临处理规模较大、处理难度较高引发的成本上升的窘境。由于互联网环境下，会计信息呈现复杂性特点，数据之间存在交叉性等复杂关系，对数据进行分析的时候也需要准确发掘数据之间的深层关系，找到数据之间的内在关系并进行分析，其会计信息运用的过程不仅仅是涉及单一财务数据的层面，而是提升到对经济活动预测的高度，通过发掘数据之间的关联，为企业创造决策效益。

（3）会计信息结构性问题。数据可以分为结构性数据和非结构性数据，如果会计信息具有足够的结构性，使用者只需要通过一些简单的分析就可以得出相应的结论，但是，大数据潮流的发展随之而来的是信息结构性的转变，使用者不仅仅面对一些简单的结构性数据，还有大量非结构性数据，需要确认数据之间的内在联系，进行综合分析。非结构性数据具有更高的加工和分析难度，但非结构性数据也隐藏着许多有用的信息，需要对其进行有效挖掘。在大数据技术影响下，在会计信息获取方面可以迅速获取规模庞大的数据集合，但数据的真实性和关联性则不尽如人意，通过多元化的渠道获取的会计信息，既包括结构性数据，也包括非结构性数据，这与传统的纯结构性数据分析结构截然不同，体现了大数据对于会计信息结构性方面产生的负面影响。对于非结构性数据而言，有的数据之间表面并不存在很强的关联性，但通过深入分析之后就会发现，其数据之间存在一定的内在关系，因此，在对信息进行处理的时候，不能忽视数据之间的真实联系，通过对结构性数据和非结构性数据的科学处理，提升数据处理能力和有效数据规模，进而起到决策依据作用。但非结构性数据的存在无疑加强了数据处理难度，企业会计人员需要将一条条独立的信息数据结合起来，发掘内在联系。在企业会计人员将各种非结构性数据向结构性数据转化的过程中，如果忽视了这些数据之间的内在关系，就会影响信息资源的真实性质量。大数据分析是一项具有复杂性的过程，不同于传统会计数据分析模式。在大数据背景下，数据呈现的特点可能是交叉性的，其结构也具有不确定性。新时代对于会计信息的分析结果并不只是一个简单数据，而是一系列的内涵关系和发展趋势判断，以及企业发展建设的决策依据。要对这些数据进行分析，需要涵盖较多的关联性因素，如果缺少对大数据复杂性数据的了解或者大数据之间信息关系的剖析能力，就无法深入分析数据之间的内在联系，从而降低会计信息的使用价值。

（4）数据获取更加复杂。信息的高速流通使得会计信息使用者的工作量和工作难度都有所提升。大数据的发展对企业会计信息管理工作形成一定考验，要获取相关信息数据的难度提升。随着大数据技术的深入，通过各种各样的途径发布信息，使得市场上各种信息混杂不清，要获取其中有用信息的难度和企业会计岗位工作人员的会计信息搜索、筛选、整理和分析所需的工作难度和工作量显著提升，对市场上有用数据的获取更加复杂。会计对象的表述并未完全统一，针对不同的会计对象，在质量和数量上的表述都会有所不同，造成了会计信息的模糊特性，加剧了数据获取更为复杂的情形。在大数据背景下，一些企业的会计工作者还没有完全适应大数据技术引起的会计信息获取方式的变更，在具体应用会计信息处理的过程中容易出现失误，导致错账现象的发生，影响会计信息整体质量和市场秩序。由于各企业间激烈的市场竞争和出于对自身的保护，一些企业会在市场上散播一些虚假信息，这些信息对会计处理工作者的能力形成了考验，如果没有正确甄别这些信息，就会影响企业会计信息处理效率和准确度，降低会计信息质量。受到市场上会计信息其他质量特性影响，数据获取更加复杂。会计信息产品可以视作一种特种商品，虽然与普通的物质商品不同，主要表现在会计信息产品生成和流通的过程中，其中的原始数据和最终报告等在产品加工过程中并非不可共存，可以通过产品合计或者分类对会计信息产品进行处理，并且还可以通过媒体介质再现和进行外部交换。即使会计信息产品本身存在失真现象，也无法更改由于会计信息产品应用后进行的投资决策等造成的损失，但同时，在大数据影响下，会计信息质量的可靠性、相关性不足的现象也会影响数据获取，在可获取的会计信息数量巨大、可靠性和相关性不足的情况下，要获取有用数据的难度明显提升。

（5）数据处理方式发生变化。传统数据处理方式转型。随着数据特点的转变，会计信息数据的处理方式也已经不再停留在传统阶段，在常规的会计信息管理工作流程中，一般是以人工的模式进行财务信息数据的相关处理，进行财务报表的编制和审核，并对经济业务进行记账和相关核算工作，在获取精准会计信息数据之后，通过一些简单的数据处理工作就能够得出有用结论。但在大数据背景下，传统数据处理方式已经发生转型，告别了手工记账模式的弊端，改为采用计算机技术进行会计信息数据的处理和分析。借助大数据技术优势，深入发掘数据之间的关系，保障基础数据的可靠性和时效性。会计工作人员岗位职责随数据处理方式的升级而发生转变。随着传统数据处理方式的转型发展，企业中会计岗位的工作人员基本职能及岗位要求也发生了转变。传统的财务会计职能已经不能适应大数据时代背景对于会计岗位核心能力提出的新要求。在大数据影响下，会计工作人员不能仅仅停留在业务会计层面，需要能够正确运用大数据技术进行会计信息数据的搜集和分析，并且能够依靠计算机技术进行财务数据的处理，为企业提供有效的财务信息，便于企业管理者进行市场运行情况的分析和作出企业发展相关决策。为此，会计岗位工作人员必须迅速适应岗位职责的转变，掌握数据处理方式的相关方法，否则将难以胜任数据处理工作。会计信息数据处理难度提升。大数据发展带来了海量的信息，信息规模巨大，这种形式的信息虽然扩大了市场上会计信息基础数量的规模，但切实提升了会计信息处理的难度，对企业会计岗位的工作人员和市场上会计信息需求者和使用者提出了更高的要求。这些要求不仅包括要从数量巨大、内容混杂的信息数据资源中进行有用信息的获取，还包括需要高效率完成对信息的筛选和整理工作，第一时间编制财务报告披露相关会计信息。在新的数据信息结构特点下，会计信息需求者要想进行有效信息的筛选和整理，必须提升信息处理能力，深入分析数据之间的联系。

（6）企业会计信息质量的可靠性遭受影响。随着大数据技术的逐渐成熟和新兴媒介的不断涌出，在大数据时代背景下，信息获取渠道呈现多元化分布，并且信息造假成本不高，信息造假的难度也很低，由此导致很容易产生大量的虚假信息，为企业带来负面影响。企业会计信息质量的可靠性受到大数据技术的负面影响主要通过虚假信息的传播对企业形象的影响来体现。在大数据技术下获取的大量信息，其准确性无法获得保障，很难对市场上会计信息的真实性进行准确判断。另外，由于网络技术的发达程度不断提升，网络平台和网络环境的特性使得会计信息使用者对会计信息相关数据的准确性很难进行精准判断，在这种情况下，会计信息的可靠性就会遭受负面影响，如果有的会计信息使用者由于专业程度不够或者工作态度不认真等原因，直接使用了一些可靠性不足的数据，没有及时对会计信息数据进行验证，就很容易掉进数据陷阱，对企业造成经济损失。按照市场相关规定，企业需要及时将会计信息进行规范披露，公布相关信息，能够为市场上的信息使用者提供参考信息，为其获取会计信息带来了便利，但是，随着互联网技术的普及，在网络黑客技术和病毒技术的影响下，如果企业在防火墙技术方面不到位的话，可能遭受到网络袭击，导致一些核心信息泄露，这些信息可能属于不需要公布的范畴，但属于企业的商业秘密，可能对企业造成负面影响，带来一定的损失。一些机构和相关人员出于对不当利益的追求或者其他原因，忽视或者故意忽视会计信息的重要性，在网络环境的帮助下，隐匿真实身份等信息，随意披露企业的会计信息，对会计信息的有效性和可靠性产生不利影响。

（7）对会计信息质量的相关性造成不良影响。相关性是会计信息质量的基本要求之一，会计信息的相关性对正确决策具有非常重要的意义，而大数据技术对会计信息质量的相关性可能造成不良影响。对于企业会计岗位而言，需要从不同的途径获取会计信息，在大数据时代背景下，网络信息技术日渐发达，会计人员可以运用大数据技术发掘有用信息，快速定位信息群，并且进行有效筛选，在大幅度增加的信息总量中实现信息检索。但在大数据技术帮助下，企业会计人员能够获取的信息中，还有大量相关性不强的信息，这些会计信息容易迷惑会计人员，干扰会计人员在其中对有效信息的筛选，并且增加了工作量和工作难度，对企业财务管理效率产生不良影响。大数据技术能够帮助企业进行财务管理时迅速获取大量的原始数据，但这些原始数据中包含了所有的数据和不相关信息，这些信息影响着企业决策的效率，还有可能导致错误决策的产生。随着大数据技术的普及，大量的劣质数据产生并被广泛传播，这些劣质的数据并不符合大数据中有用数据的一致性、准确性、完整性、时效性和实体统一性特点。在企业财务报告中，通常是以货币作为唯一量化性的计量单位，因此财务报告中基本只涵盖了与货币相关的会计信息，一些无法用货币计量的信息就无法披露出来，企业管理者和投资者获取不到该类信息，这既不利于公司管理透明度，也不利于投资者的投资决定，还会对企业会计信息披露造成一定的限制。由于不相关数据的存在，在信息数据处理过程中需要耗费大量精力，从大量的基础数据中找到隐藏在其中的有用会计信息，在这个过程中还会产生高昂的费用需要用于处理劣质数据，既不利于企业的有效收益，也拖缓了企业会计工作效率。不同于传统会计抽样原则，新时代背景下，以总体统计的方式扩宽了会计信息获取范围，带来了会计信息针对性降低的负面影响，对会计信息相关性也产生了不良影响。为保障有效会计信息从大量数据信息中被筛选出来，就需要不断突破传统信息筛选整理方式，克服大数据对于相关性存在的不良影响。

（8）对会计信息质量的及时性造成影响。随着互联网技术的不断发展升级和大数据的普及，大数据时代已经到来，改变了人们的社会生产和生活方式，也提升了整个社会经济建设整体水准。在新的时代背景下，企业对会计信息进行披露的方法会更加便捷，会计信息发布的渠道也更丰富，极大提升了会计信息的及时性。在这个趋势的影响下，会计信息的使用者和需求者可以实时获取会计信息，满足自身需求。这是大数据对于会计信息质量的及时性可能存在的负面影响，其中一些不良会计信息的快速传播可以迅速破坏企业形象，对企业发展造成压力。由于信息及时性的不断提升，在大数据时代背景下，一些缺乏可靠性的会计信息也被有意或者无意地释放出来，对企业会计目标和会计报表有效性都产生了不良影响。此外，这些可靠性不足的会计信息一经披露，将以极快的速度融入市场，对经济活动产生不可预估的影响，由于市场运行的连续性，即使这些会计信息被指出质量存在问题，也已经无法进行追回或者更改使用该会计信息进行的相关分析，导致决策失误而造成企业经济层面和战略层面的双重损失。大数据技术对企业会计信息存在极大的影响，在大数据技术的影响下，企业会计工作需要及时转变思维，提升会计能力，使用大数据技术进行日常财务处理和会计信息收集整理等工作，努力追赶市场发展的脚步，追求企业生产和市场发展的一致性，此时，大数据技术对会计信息及时性的负面影响就显现出来。部分企业会计人员由于缺乏足够的综合素质水平或者专业能力，在会计信息处理过程中往往存在分析能力不够、对数据信息的敏感度不足等缺点，对企业会计信息及时性无法得到有效保障，继而影响了大数据时代财务管理效率，为公司发展带来潜在风险。

（9）对会计信息质量的完整性造成一定影响。大数据时代背景下，会计信息呈现碎片化分布态势。互联网技术的不断进步使得会计信息中的结构化数据和非结构化数据得到更加直观的体现。在大数据影响下，会计信息质量的完整性得以提升，但同时也在对有效数据进行搜集和筛选的过程中耗费更多的精力，在优质信息、劣质信息共存的情况下，信息的使用者通过不同的搜集渠道能够获取大量信息，不可能对所有信息逐一进行筛选分辨，只能依靠自己有限的信息检索能力进行信息搜集，这就会对会计信息质量的完整性造成一定的消极影响。大数据对会计信息质量完整性的负面影响还体现在虚假信息方面，在互联网利好的影响下，市场竞争激烈，一部分企业为了谋取不当利益，吸引更多外界投资，置市场准则、职业道德与相关法律法规于不顾，凭借非常低廉的信息发布成本在网络中发布一些不实信息，以获得一些投资，用来缓解企业资金压力，这种问题也暴露了互联网在审核信息发布和追溯方面的弊端。从传统意义的角度而言，会计信息分析的结果是通过一些具体的财务数字和计量单位得以体现，这个数字可以通过各种数据进行复查，还需要符合既定的规定范围，在这个前提下，数据造假的可能性较小。在大数据时代的影响下，信息的需求者除了需要一些具体的数据信息、保障数据信息的真实可靠性之外，还需要获取关于会计信息之间存在的内在关系，例如某一项具体数据是另一项研究结论的原因等，不仅停留在具体数据阶段，这是信息质量完整性的重要体现，对企业决策具有重要影响。

（10）海量交易使得会计核算数据多元化。随着信息技术化水平的不断提升和经济全球化程度的不断加深，经济模式的改革需求成为时代运行的重要潮流之一。经济模式的改革需求支撑着企业不断进行内部优化与革新，为企业带来了全新的发展面貌。在新的时代潮流影响下，企业从经营环境方面和外部组织结构性方面获得了有效提升，并且交易的信息更加向普遍化发展。从结算的角度看，结算活动的信息化要求则向更加高效便捷发展。以线上电商平台为例，淘宝网上的货源并不在于企业中，而是在平台商家、实体企业中。虽然通过网络电商平台进行交易，但其资金结算的过程也不在平台进行，而是通过第三方的支付软件进行。从这个过程中可以看到，会计信息的生成并不一定只在企业内部，还会存在一些第三方的参与，这些信息也是会计核算过程中重要的会计信息。在海量交易的影响下，会计核算数据呈现多元化发展，信息使用者不仅仅需要一些财务数据和报表，更需要看到数据之间的逻辑关系，以及蕴含的企业发展价值等。会计信息化向会计计算发展方向迈进，也使大数据从一种信息产品向技术再向一种社会发展现象转变。对于数据时代而言，要正确应对数据时代为会计信息核算和市场运营带来的改变，就需要不断夯实会计核算信息化的步伐。从当前市场运行规则来说，企业大多都采用一些闭环的会计核算模式，建立信息化系统和企业自身的会计制度，不足以满足互联网时代对企业提出的海量交易的目标。在企业传统运营模式中，一般使用一套会计软件就足以解决企业运行过程中可能出现的一些会计核算的问题，但在大数据影响下，一套会计软件已经不能够处理企业存在的会计核算和会计信息处理的相关业务，取而代之的是整套的会计核算系统，在系统中通过定制化服务，将企业会计核算的相关要求融入系统配置中，实现线上化的会计核算和管理业务。这种趋势能够体现出会计核算信息化的发展趋势，企业要实现健康发展需要重视互联网时代海量交易带来的新变化，使用规模更大的会计系统以满足逐渐增长的会计核算要求。

（11）会计数据较大且核算周期较短。通常数据量规模超过 10TB 的被称为大数据，大数据产生的基础就是现代科技的进步，随着信息技术水平的不断提升，人们能够利用多种多样的通信工具克服时间和空间的限制，将智能要素融入生活中的各个环节。在大数据技术基础上，会计信息数据总量得到了显著提升，但这种趋势对于企业会计信息工作而言存在一定的消极影响，主要体现在数据数量的庞大和种类繁杂方面，使会计使用者虽然能够获得一些综合性的财务信息数据，但很难发掘背后蕴含的一些数据关系，并且很难保障这些会计信息数据的真实性。会计信息数据呈海量化走向，提升了会计信息工作的难度和工作量。各类会计信息之间内在的联系也需要得到正确发掘，否则就会影响整个财务分析的结构，对企业决策产生消极影响。从一般意义上说，企业以实体销售作为起点，不断扩充营业实体门店数量和规模，并逐渐转向线上门店，建立互联网虚拟门店作为新经营模式，作为对传统门店经营模式的创新和改变。电子商务平台正在改变人们的生活方式，大量企业将经营目光转向线上，充分发挥大数据在价值挖掘方面的作用，满足人们个性化的信息需求，承接大数据技术和海量化会计信息走向，在互联网技术的基础上不断发展，带来了社会的整体进步和跨越式发展。在大数据影响下，会计信息数据呈海量化走向，会计信息使用者无法根据自己要求获取有效财务数据。一旦交易成立，就会产生有效的会计信息，由于大数据技术能够容纳巨大规模的数据信息，给信息的分析和整理工作带来一定的难度。在会计信息数量剧增的时代背景下，大量的交易数据产生出来，给会计信息需求者提供计算和了解存取货的信息来源，这种交易数据能够有效缩短企业的财务报告周期，为投资者和市场展示企业的经营成果，也能够帮助投资者更加了解企业的具体经营状况和发展前景，增加投资信心，保护投资者的相关权益。从当前会计准则看，存在月报、季报、半年报和年报等不同的会计周期，不同会计周期代表着不同的交易会计核算要求，通过不同会计周期中的月度、季度、半年度和年度进行会计核算并提交相关会计报告。通过对现代经济发展情况的分析不难看出，沿用过去的会计周期进行会计报账核算，不符合数据时代的交易频率和数量，也无法在会计信息使用者和会计人员之间建立反馈机制。以线上交易方式为例，如果将会计报账流程停滞下来，就会产生非常多的问题，例如无法进行正常报损或者是交易结算等问题，都会影响会计处理和企业正常运行秩序。从交易频率看，频繁的交易和庞大的交易数量已经无法通过传统的会计核算周期来实现，传统会计核算周期已经不符合当前数据时代交易频率和交易规模的提升。虽然交易数量实现了大大提升，但市场和消费者依旧需要更短的核算周期，才能够及时处理一些问题，从根源上平衡交易秩序，解决会计报账核算等过程中可能出现的一些异常情况，维持正常的交易流程，做好会计报账处理工作。在网络交易环节中，如果出现一些会计报账方面的业务需求，已经无法按照传统会计周期来实现，必须要缩短会计核算周期，这对企业会计信息处理能力和工作效率以及企业会计人员专业能力与工作量形成了一定考验。大数据技术的深入带来信息获取能力的提升，人们借助大数据技术可以更容易获取有价值的信息，发掘信息数据之间的内在联系。海量的采购、交易、结算数据，影响着企业运行规则和市场经营秩序，使会计处理更加关注往来核算，带来会计准则的进步和会计周期的缩短，使会计核算周期更加能够与经济往来和时代交易频率相适应，与海量交易规模相融合，与会计核算需求相统一。

2.5　大数据时代提升会计信息质量的必要性

（1）对会计形成新的技术环境提供海量会计信息。在大数据时代，企业运行的时代环境已经发生变化，企业必须强化自身运营能力和竞争力，才能够适应科技发展进步的发展速度。在全新的技术环境影响下，要保持企业的发展活力，不在激烈的市场竞争中被淘汰出局，就必须积极适应这种新的市场环境，能够在特定时期、场所，通过特定的会计信息获取模式进行有效会计信息的识别和挖掘，需要正确认识到会计信息质量保障及管控的必要性，不断提升企业会计信息质量水平。人们对社会舆论信息的时效性要求也更加严格，社会舆论信息必须保持高速更新，才能够吸引人们的注意力。提升企业会计信息质量的必要性就显现了出来，在新的时代背景下，大数据给会计信息的产生和流通创造了新的技术环境，提供了海量的会计信息源泉，因此，必须要对会计信息质量进行研究和不断优化，实现其对市场和企业运行秩序的积极作用。随着科技变革的脚步不断推进，社会和经济市场更加关注企业的运行效率和整体利益体系，也对企业运行管理流程提出了更加严格的要求。为适应社会大环境对于企业提出的新发展目标，企业必须积极进行内部改革与升级，不断优化内部管理流程和管理成效。在这个过程中，会计信息质量水平是企业改革效果评定时重要的衡量因素，能够具备高质量的会计信息水平，影响着企业进行管理改革的成效，因此，必须充分认识在大数据时代研究会计信息质量的必要性，建立会计信息收集的新模式，将会计人员和会计信息使用者都作为会计信息收集整理的责任人，不断扩充会计信息的内容，既需要收集一些直接数据信息，还需要收集一些非结构化的数据，从数据源中发掘有价值信息。对市场上大部分企业而言，会计信息属于企业的商业机密，其涵盖的财务运行成果和相关报告数据信息都属于企业发展建设和经营情况的重要部分。在市场运行过程和信息的产生过程中，每天都会产生大量的信息，其中具备充分可靠性和相关性的会计信息占据较小的比例，因此，对信息进行有效筛选具有重要意义。只有掌握信息筛选分析的方法，才能够缓解会计信息在及时性方面的要求。近年来，随着经济全球化程度的不断加深，外资企业强势入驻，以独特的经营理念和制度架构等对整个国内市场产生了深远影响。在经济全球化趋势的影响下，市场竞争秩序和相关准则产生了一定变化，企业要想迅速适应竞争趋势和更加严格的市场发展规律，赢得市场竞争，就必须加强对于会计信息质量的研究和持续性优化，强化会计信息质量相关意识，优化提升企业内部管理能力，激发企业内在的发展活力，实现科学决策和对市场发展趋势的精准预判。大数据时代可以提供海量的会计信息，为企业带来全新的经济发展市场趋势和规则。大数据也可以视作一种海量数据，它为信息使用者和需求者提供了海量的会计信息，这些信息呈现数量巨大、相关程度不一、价值不一的特点，这既是大数据为会计信息质量建设带来的优势，为企业建设发展提供积极作用，同时也存在着一定的负面影响。对于大数据而言，最初只在数据规模方面与传统数据群存在较大差距，随着研究的逐步深入，大数据更涵盖了一些信息处理技术的范畴，发挥帮助人们获取有价值数据的积极作用。在互联网信息技术日渐成熟的趋势下，信息产业化水平获得了持续性的提升，社会环境和市场环境已经发生了改变，在大数据时代背景影响下，企业需要迎合市场需求，不断激发互联网经济新的发展要素，实现互联网经济的创新发展建设。要正确看待大数据发展给企业会计信息处理工作带来的好处和负面影响，通过经营思维模式的扭转，不断克服大数据发展给企业会计信息处理方面形成的各种不利因素，发挥大数据技术的各项优势，适应当前市场上会计信息呈现的数据数量多而信息内容杂乱的新特征，提升会计信息整理处理能力。要快速发掘有价值的会计信息，把握市场发展的宝贵机遇，不断加快对于市场信息的了解和分析能力，正确发挥会计信息帮助企业应对市场发展过程中对企业形成的考验，提升应对风险的能力，强化企业核心竞争力的能力。会计信息处理智能化是现代企业提升会计信息管理效率、实现企业财务有序管理的必要手段，对企业财务管理能力形成具备一定的考验。会计信息处理智能化是指在传统会计信息处理技术之上，通过增添现代化的科技手段，对相关数据信息进行分析和处理的一种新兴信息技术。具体可以理解为通过将传统会计信息处理体系与电子信息技术进行有机结合，以信息化网络为依托，以计算机为载体，采用高科技手段进行自动信息整合与分析，最终形成财务报告，再通过互联网通信手段将报告传送至使用者手中。传统的人工操作在收集信息时易受到其他信息影响，数据处理结果缺乏规范性与准确性。而会计信息智能化处理在整理信息的过程中，能够始终保持相对稳定的状态，免受其他信息因素干扰，使数据结果更为精细化。在信息化技术的帮助下，企业财务管理的效率可以得到有效提升，企业会计岗位工作人员的工作压力也能够得到有效缓解，从而保障企业信息管理工作的顺利开展。经过智能化处理后的信息数据，能够具备更强的科学性与准确性，也能够让信息使用者在进行数据分析时，获得更加有力的决策依据。企业内部组织架构是伴随企业经营规模不断扩张而产生变化，通过借助智能化信息处理技术不仅可以有效提升企业财务管理水平，同时，也能有效避免因人工操作失误等原因导致的信息失真问题，切实为全面提升信息质量提供了积极的作用①。

（2）会计领域对数据及信息的敏感程度较高。会计领域对数据及信息的敏感程度很高，这在一定程度上也影响了会计信息质量建设，阐释了在大数据时代背景下研究会计信息质量的必要性。时效性是会计信息质量的重要指标之一，对于会计信息而言，只有具备充分的及时性，才能够正确发挥会计信息对于市场运行环境的优化作用和对于企业运行决策的借鉴作用。在大数据时代背景下，会计信息的更新速度大大提升，对会计信息的时效性能够起到一定的优化作用，缓解会计信息在及时性方面的要求，满足会计领域对数据和信息敏感程度高的要求。在大数据时代背景下，会计信息安全受到一定威胁，尤其是由于互联网技术应用水平的提升，增加了利用网络漏洞进行病毒侵入的概率，在使用网络数据库进行重要信息保存的过程中，面临一定的安全问题。如果没能保障企业核心信息的安全度，容易导致竞争对手掌握企业的核心信息和命脉，给企业造成经济损失，在市场竞争中处于劣势地位。监管部门也需要通过会计信息了解相关社会资源的配置，提升证券市场信息系统的流畅度，保障证券价格的公正科学性，优化资源配置，并且提升整个证券市场的运行效率，提升证券市场的透明度，使证券市场价格始终能够符合市场运行的基本要求，营造安全高效的市场环境。现代信息技术正处于高速发展状态中，对人们的生产生活方式产生了深远影响，信息技术已经在各领域逐渐普及，在企业会计工作中也不例外。随着大数据技术水平的不断提升，企业纷纷对大数据技术的发展以及大数据与企业会计工作的融合给予充分关注。认识到时代进步和市场发展的趋势，许多企业已经开始将大数据技术应用于企业会计工作的尝试，建立企业信息沟通系统，优化企业财务管理路径等。由于会计领域对数据及信息的敏感程度很高，企业如果不能意识到会计信息质量相关要求的变更，就无法抓住时代发展的规律，不利于企业会计工作的开展，影响了企业会计信息整体质量，也对企业的生存与发展存在一定的不利影响。特别是在企业会计信息的提升过程中，要融入大数据技术的要素，积极发挥大数据技术在指导企业会计信息质量提升方面的重要功能，促进大数据与会计信息处理工作的融合，不

① 马莉. 大数据时代下对企业会计信息质量的探讨 [J]. 商业会计, 2015 (16): 108-109.

断克服大数据技术应用方面产生的障碍，获取信息技术的新突破。在企业进行财务管理的过程中，必须将大数据技术的应用放在企业会计质量提升上，尤其是对会计信息质量全面性、真实性的提升方面，保障大数据技术的充分利用，为企业会计工作和整个市场建设发展提供信息服务支持。大数据时代为会计岗位工作内容和企业会计人员的基本能力提出了更高的要求，在新的时代背景下，只有充分研究会计信息质量，才能够正确应对大数据时代对企业会计信息质量和会计岗位工作人员形成的新考验。在大数据影响下，会计信息的来源复杂多样，信息规模巨大，影响了整个会计领域。由于会计领域对数据及信息的敏感程度很高，这种新的变化趋势对企业会计岗位工作内容产生了深远影响。由于会计工作的本质影响，人们更加相信数据，但这种偏向理性分析的思维习惯导致在面对虚假数据时缺乏一定的判断能力，容易在筛选会计信息价值时出现工作失误，影响数据的有效性。随着互联网技术和计算机应用水平的不断提升，传统的会计工作模式已经不能适应时代的需要，企业会计人员如果不加强会计信息处理相关技能的学习和大数据技术的应用，一定会被市场所淘汰。在我国会计专业人才培养过程中，通常以核算型会计人才作为培养目标，在数据分析处理方面所耗费的时间和精力不是很多，这些会计人员在进入工作岗位之后并不能迅速适应企业工作环境和会计工作内容。在新的时代背景下，必须充分研究会计信息质量存在的问题和提升路径，才能够切实优化企业内部管理结构。保障企业会计信息整体质量，应对时代变化带来的企业运营新挑战。不断提升会计人员个人素质，迎合会计领域对数据及信息的敏感程度，适应时代背景对会计岗位能力提出的新要求，学习更加复杂的会计信息结构和多元化的会计信息来源，帮助企业应对市场变化新趋势，实现企业的长远发展。

（3）会计信息在企业经营管理活动中发挥着重要作用。会计信息作为现代信息社会的重要组成部分，代表着现代信息社会中重要的信息资源提供者角色，属于重要的现代信息系统。会计信息反映了各会计主体的经济业务活动和运行情况。无论是什么形式的企业，都需要进行会计信息的披露，尤其是一些上市公司则具有更严格的会计信息披露要求。这不仅是市场运行的基本要求，也符合投资者对于会计信息的需求，除了会计信息之外，市场上还有对于一些非财务信息的披露需要。在大数据时代背景影响下，会计信息质量仍保持维护市场运行秩序、稳定企业发展内在活力的重要地位，对会计信息质量的把控程度影响着企业科学决策的能力，事关企业经营管理效益和核心竞争力，对企业发展前景产生重要影响，因此，在大数据时代仍然需要研究会计信息质量，保

障企业会计信息质量水平。在企业运行过程中，需要企业领导者基于企业发展
实际情况和自身领导管理能力对企业运行方向作出相关决策。作出这类决策需
要具有充分的市场发展方向预判能力和大局观意识，对企业建设发展方向作出
正确判断，对所获得的会计信息进行正确的分析。会计信息处理在企业的经营
管理活动中承担重要角色，要保障企业正常的经营管理秩序，就必须有效提升
会计核算的效率，缩短会计核算周期，及时进行会计信息的披露和有价值会计
信息的挖掘，活化市场信息的整体质量，并实现会计信息数据的及时更新。但
在大数据环境下，当前尚未建立统一的大数据处理标准，这种现象影响着会计
信息整体质量提升。因此，在大数据时代背景下必须对会计信息质量进行研
究，正确理解会计信息质量的重要性以及提升会计信息质量的有效措施，正确
发挥大数据技术对企业会计信息质量的保障功能，不断完善相关处理标准，在
专业术语和操作流程中进行统一，使企业会计岗位之间和企业与企业之间能够
加强交流，提升市场整体会计信息质量水平。会计信息披露作为证券市场的核
心，在企业经营管理中发挥着重要作用。只有进行规范公正的会计披露，才能
够保障证券市场交易公正性，有效维持证券市场的客观性和运行秩序。在证券
市场上还存在着许多投资者，从投资者角度出发，需要尽可能了解企业的运行
情况和前景，在会计信息的帮助下，才能够加强对于企业经营状况的了解，有
助于消除决策者忧虑、保障投资者权益，帮助投资者作出正确的投资决定。确
保会计信息质量就是为证券市场的有序运行提供基础，对证券市场会计信息进
行规范性的发行和流通引导，既是证券市场平稳运行的基本保障，也是法律的
重要要求和市场监管的基本目标。通过对会计信息进行研究，可以有效约束会
计信息披露行为，实现对企业会计信息安全维护的重要功能，对于优化市场环
境、维持证券市场秩序、保障投资者权益和提升企业内部管理能力及核心竞争
力等都具有重要意义。大数据不同于传统数据库，其具有对数据进行收集和分
析整理的功能，可以应用于企业会计工作中，提升会计信息的综合性。同时也
对企业会计信息整体质量建设提出了更高的要求，只有迎合新的时代背景提出
的会计信息质量提升的要求，才能够在激烈的市场竞争中存活下来，为企业发
展谋得一席之地。企业都应当建立会计信息质量提升意识，充分认识大数据对
于会计信息质量保障的重要作用。在新的时代背景下，企业必须保障会计信息
的整体质量，充分利用大数据技术，提升企业会计信息的精准性和全面性，不
断提升大数据技术的推广度。只有保障大数据技术在会计信息处理应用方面的
有效性，在信息的收集、分析和整理过程中时刻关注会计信息的全面性和真实

性，才能正确发挥大数据对会计信息质量的提升作用，提升企业决策能力，发挥大数据技术的基础性功能，并不断提升大数据技术的协调性。在企业运行过程中，必须将会计信息的基础数据作为会计信息处理的重要支撑点，保障企业会计工作岗位的有效运行。在企业财务管理过程中，需要建立标准化的会计信息质量体系，这样才能实现数据资源的开发利用，深化企业财务管理的效果，为企业健康平稳运行提供正确决策层面的建议，保障企业能够获得持续性的整体发展。不断提升企业会计信息的整体质量是在大数据的时代背景下，企业会计岗位功能得到深度实现、完成有效财务管理的必要途径，企业必须认识到会计信息质量的重要作用，切实关注会计信息质量的整体提升。我国自改革开放以来，在科技创新方面已经具有显著的突破和进步。通过不断的改革创新，也为会计行业的经营活动与发展提供了源源不断的能量。高速发展使智能化信息处理方式已经逐渐取代传统信息处理技术。传统信息处理技术从方法、流程、结果以及成本方面都存在一些弊端。按照传统信息处理流程来看，在信息处理过程中，不仅需要耗费大量的人力成本，而且，通过人工对信息进行处理，很容易造成信息中途的流失或运算错误，更无法避免人为地篡改数据，实际核算结果无法得到有效保障。而会计信息处理智能化的诞生，可以有效规避传统信息处理方式中的问题，大大改善信息处理质量，为企业的经营、发展提供了强大的便利支持。在大数据背景下，智能化发展已成必然趋势，尤其是在目前行业竞争格局不断加剧的形势下，必须依托会计信息智能化处理手段，实现全局智能化管理，提高自身工作效能，才能保证长久、稳定的发展。除此之外，全局智能化管理模式的运用，能够增加员工处理信息的效率，节约时间成本，并且，通过互联网模式对工作进行对接，不仅可以使财务报告呈现形式更为多样化，同时，也能提高信息的实时性，有助于信息使用者及时、准确地获取相关信息。

（4）大数据背景下会计信息安全问题。互联网的共享性与对外开放性。在当今互联网环境中，受各种因素影响，信息的安全性存在许多亟待解决的问题。其中比较显著的几项问题是财务信息容易被窃取，数据系统容易被木马和黑客攻击，文件存储效率低下，难以保证有效保存等。而造成这些问题的最主要原因是互联网具有对信息共享与对外开放的特性。在传统的数据存储方面，不同的数据是基于各个部门收集整理后再通过与不同部门对接实现共享的，信息处理流程较为复杂，无法在短时间内同时大量进行复制。与现在的数据中心不同的是，数据中心系统是包含大量数据和信息的共同体，且数据都具备实时性的特征，这些数据本身都具有非常重要的经济价值。这便成为黑客攻击的目标，一旦攻击成功，所有信息将获得访问权限，从而使企业面临风险。在当前大数据背景下，由于会计信息处理技术不尽完善，还存在较多安全隐患问题，尤其是在开放的网络环境下，无法对信息起到全面的保障作用。简单来说，虽然互联网的普遍应用使会计信息的处理与传递速度获得了大幅度的提升，但同时也为企业与财务信息管理机构埋下了较大的安全隐患。软件系统的不合理开发和使用。随着互联网在会计行业中的普遍应用，会计信息技术的处理能力也伴随着发展脚步不断被提升，工作效率上升程度愈发明显，整体工作质量也在不断提升。科技进步促进人们生活、工作水平的不断提高，业内对会计信息的质量要求也会越来越高。但目前我国多数科技企业或者是软件开发公司人员的科研水平还处于较低水平，无法与互联网飞速发展步伐相适应，对会计应用系统设计细节方面还存在些许欠缺。在对软件设计时通常只会注重大规模普遍性的系统设计，忽略内部会计信息实操功能的相关链接，导致会计核算系统中的模块缺失，使系统无法直接对信息进行有效合并，必须通过工作人员手动来完成信息处理，大大降低了核算效率。有部分软件在投放后还出现过延迟过高的现象，不利于财务工作的有效进行。除此之外，软件系统使用安全与适用性方面还存在一些弊端。一方面，会计行业由于其工作的特殊性，大多数信息都包含较多的机密性文件，相较其他普通软件，对安全系统的要求会更为严格，如果不重视这方面合理开发与使用，将会使软件使用者面临巨大的信息泄漏风险。另一方面，不同性质的会计行业在选择软件的时候，通常会根据自身业务经营范围作为选择软件的标准。但目前流通的大多数会计类软件都是根据大规模会计标准体系进行设计，在这些软件中，难免缺乏针对性与兼容性，无法同时满足不同受众企业的所有需求。为了使软件涉及领域更广泛，软件开发商会对软件不断进行更新，尽可能地将能用到的功能添入系统中。但这一操作也会为其他企业带来一定的困扰，大量的多余功能也会造成操作时的混乱，使计算机技术无法在实际应用中发挥出最大的效能。因此，如何提高财务信息和数据系统的安全性与适用性便显得至关重要。内部控制制度不健全。目前，企业内部控制制度还存在一定的问题，大多数企业的内控系统不能无缝衔接至每个子部门。在管理系统内，除了基础的业务流程外，企业内部还包括人事管理、仓储、生产管理、销售等多个子部门。而大多数企业的主要内部控制管理都集中在业务流程的管控上，与其他子部门联系不够紧密，对外开放体系没有深入到企业内部，数据传输无法做到实时性共享，仅靠转账凭证作为主要关联依据，在后期进行统计核算时经常会出现数据不同步的后果。大多数企业内部控制未对股东设置访问财务报表的权限，企业内部无法通过互联网向主要利益者直接提供会计信息，除此之外，还有内部控制无权向社会披露企业内部报表之外的商誉类相关信息等问题。

2.6　大数据环境下管理会计信息面临挑战

（1）会计信息结构复杂化。会计信息结构复杂化是大数据环境下管理会计信息过程中面临的严峻挑战之一。随着整体信息数据规模的不断增大，会计信息结构显示出更加复杂化的特点，尤其是在大量会计信息数据中还存在着许多非结构性的信息，进一步提升了会计人员进行会计信息披露的工作难度，但相对于传统会计工作模式而言，会计信息结构的复杂化能够突破传统信息数据来源的有限性，对企业会计信息质量提升存在一定的积极作用。为此，在企业进行会计信息质量管理的过程中，为了保障会计信息的可靠性，必须从大量的数据中快速定位有效数据，突破会计信息结构复杂化带来的挑战。为此需要对数据库中的各项数据和信息进行挑选、辨别和取舍，保障会计信息的有效性和准确性。可以看出，企业要保障会计信息质量，就必须正确应对会计信息结构复杂化带来的严峻挑战。在会计信息处理的过程中，相关信息处理人员需要全力维持企业信息数据的准确性水平，在收集会计信息的过程中通过解读大量数据，迅速实现对于有效会计信息的定位和虚假会计信息的辨别，保障企业会计信息质量的可靠性。随着会计周期的缩短，信息处理人员还需要在有限的时间内进行会计信息处理及披露，为此可能需要降低一定程度的会计信息精确度。这就对会计信息处理人员在会计信息精确度降低的情况下保障数据分析有效性和会计信息质量可靠性形成了难度更高的挑战，对企业会计信息处理人员提出了更严格的要求①。

（2）货币计量与计量属性多元化。随着国际化进程的不断加深，我国会计行业也逐渐实现与世界其他国家的接轨，并且逐渐显现出多元化的发展特色。对于传统财务会计而言，信息的计量属性是以历史成本为主，随着会计行业的整体进步，会计信息计量属性开始发生转变，在决策者进行投资决策时，

---

① 赵燕丽. 大数据背景下的管理会计信息应用［J］. 中国乡镇企业会计，2019（6）：262 – 263.

可以提供更多有价值的参考数据，尤其是可变现净值、公允价值等会计行业概念的大众认知度也有所提升。货币计量与计量属性的多元化对于决策者来说既具有积极意义，同时又存在一些潜在风险。在投资者使用公允价值等工具时，能够获得灵活性和准确度更高的数据，有利于投资者进行投资决策。但同时，相关数据的获取比较依靠双方的诚信，或者出于个人的工作经验等，其不确定性较高，对投资决策存在一定风险和不可靠性。在传统会计工作模式中，重点是需要找到数据之间的因果关系和线性关系，因此，会计工作存在使用历史信息进行计量的偏向。需要从未来投资获利价值的角度进行计量定位，也出现关于财务报告多目标的相关要求。大数据时代，对数据开放传播和公允价值等计量属性透明度的要求进一步加深，也使货币计量与计量属性向多元化发展①。

（3）财务报告相关性和报告范畴扩大化。大数据时代为财务报告相关性和报告范畴扩大化提供了条件，使企业实现联动性系统协作成为可能。在传统会计工作模式中，大多只关注那些可以通过货币来进行量化的事项和信息，在这样的模式特点下，一些信息虽然具有一定的价值，甚至有的对企业存亡具有重要意义，但由于其不能通过货币来进行具体计量而不得不忽略。其中，人力资源等信息在传统会计工作模式中因无法使用货币计量而不在财务报告中进行呈现。因此，财务报告相关性和范畴受到了一定程度的限制。随着大数据技术的不断成熟，一些本身具有重要意义的事项，可以通过一些创新的计量方法而被准确计量，从而有效提升财务报告的相关性，并实现财务报告范畴的扩大化。这种变化对于企业财务会计信息管理提出了更加严格的要求，也是企业财务会计信息质量提升过程中必须正确应对的新挑战②。

（4）会计信息计量风险性提升。在大数据环境下，会计信息的计量风险性提升，对企业管理会计信息形成了艰巨挑战。一方面，在市场环境多变、经济发展速度迅猛的背景下，企业在进行会计工作时需要应用到多种大数据技术，不但对企业信息收集方式及速度提出了要求，也促使企业提升了工作效率。另一方面，由于企业会计信息化系统通过计算机网络来进行，会计信息计量的风险性也有所提升。当计算机系统由于自身原因或者外部原因发生故障时，就很容易对会计信息安全产生一定的威胁，造成数据泄露、数据篡改、数据丢失等后果。一旦发生这些问题，就会使企业会计系统乃至整个企业信息系

---

① 杨阳. 论公允价值的广泛应用 [J]. 商场现代化，2011 (9)：124 - 125.
② 田绪金. 企业会计信息质量存在的问题及对策 [J]. 全国流通经济，2021 (19)：178 - 180.

统陷入瘫痪。对于会计信息管理而言，会计信息计量的安全性来源于会计信息系统的正常运行，需要以稳定的会计信息系统运行来保障会计信息计量安全。另外，由于电子数据的储存需要以硬盘为载体，如果对磁性介质进行破坏或者覆盖，就会使相关会计计量信息很难还原，对企业会计信息平台的安全性和会计信息计量安全性也存在一定的影响。

第 3 章

大数据下会计信息质量问题分析

3.1 大数据下会计信息框架

（1）基础信息层。大数据环境下，会计工作实现层级化的划分，可以对所需数据信息进行多渠道的搜集，提出具有价值的决策建议。在大数据背景影响下，会计信息框架的第一层就是基础信息层。基础信息层对于保障大数据运行秩序具有重要意义，它主要承载的是会计信息管理前期对信息进行收集和初筛，完成基本统计工作，然后再从初筛后的信息数据资源中选择对企业有价值的相关信息，并且进行系统化的整理呈现的功能。基础信息层作为会计信息收集的前端，其能够收集到的信息范围很广，内容及信息结构也都很丰富。在企业会计信息管理过程中，基础信息层涵盖了各种各样的数据信息类型和结构，行业信息、竞争对手状态、客户、采购信息、生产数据等都属于基础信息层的组成内容。这些信息将通过基础信息层对系统进行信息录入，当信息发生变化时，信息库还可以对具体的波动情况进行处理。大数据信息库的统计结果可以帮助企业管理者对企业当前资金现状和业务开展情况进行初步了解，继而对企业发展和行业动态实现较为全面的了解。在传统企业会计工作模式中，预测价值的实现难度较大，相关决策建议基本来源于企业内部数据的分析，而会计人员能够从外部获得的有价值信息数量非常少，信息获取也很困难。大数据时代的到来改变了这一现状，为会计人员获取业务信息提供了方便，能够捕捉到业务活动过程中产生的交易进展等信息，了解客户服务的有关价值信息、合同数据以及成本、收入、采购价格的变动等。

（2）数据输入层。在大数据背景下会计信息管理框架的第二层是数据输入层，数据输入层位于第一层基础信息层之后，当基础信息层完成对前期有价值的会计信息和相关数据的收集和筛选之后，将其筛选后的信息进行数据系统的录入。在数据输入的阶段，会计人员需要具备专业的计算机素养和逻辑思维，对数据逻辑进行准确判断和把控。基于大数据时代背景，在数据输入层要具备完善的逻辑控制，明确信息边界，通过建立数据共享中心对价值数据进行共享，使企业对有效信息进行集中化处理成为可能，并为企业提升业务管理和财务经营效率创造条件，为大数据时代背景下业财融合提供保障。随着数据应用共享化程度的加深，企业会计人员在数据输入层对相关信息进行录入的过程中，需要将数据在云端同步更新，扩充共享数据库的内容，实现企业工作效率的优化和提升。在大数据背景下，企业进行财务信息管理就需要不断加强相关会计数据信息的共享，并不断优化企业内部运行管理秩序，实现企业财务管理和具体业务的深度融合，打造大数据对会计信息管理工作发挥引导和优化作用的良性运行机制，并不断提升工作效率，优化企业发展内外部环境，保障企业的平稳运行。

（3）数据聚集层。在大数据技术帮助下，企业会计信息实现从基础信息层的筛选和数据输入层的输入后，将进入数据聚集层。根据企业对会计信息管理的不同要求，数据聚集层中会对数据输入层输入的数据进行初筛并且分类，完成分类工作后，会在大数据库中对已分类的数据进行储存，建立不同的子模块供储存信息使用。在数据聚集层的作用下，会计信息能够实现有序筛选、分类和整理，能够为后续的分析处理层打下基础。在数据聚集层中，企业会计人员会对业务数据和财务数据进行逻辑捋顺，并且按照其相互关系进行整理分类，以精细化管理的原则进行数据处理。在大数据技术的背景下，相关价值信息保存在网络云端，为企业自有的储存空间减负，能够储存数量规模更大的数据信息。在不同的企业发展阶段，都可以按照企业的不同诉求对大数据信息库中的信息进行管理和更新，以满足企业管理目标的要求。并且在数据聚集层对大数据库中的信息进行有效分析，对会计信息的后续处理打下基础。随着行业发展，大数据库中的信息还会得到进一步的丰富，能够帮助会计人员提供多样化的数据资产和多种形式的财务分析报告。

（4）分析处理层。对于会计而言，当有价值的信息数据已经分门别类在大数据库中完成储存之后，会计需要基于数据情况，使用分析平台，借助专业的数据分析整理方法，对储存数据进行计算和处理。通过对数据的加工，完成建模工作，并最终将数据信息进行系统性整理，转换为对企业存在决策建议价值的有用信息。在传统会计工作方式中，分析处理大多依靠抽样分析来进行，对所抽出的样本数据进行分析，存在一定的误差。而大数据时代已经摒弃了抽样分析的模式，将所有有价值数据都作为分析对象。在决策建议制定的过程中，对事项进行分析，并将与此事项相关联的数据进行搜集和分类，对有价值数据进行综合分析。这种全面性的数据分析模式相比于传统的抽样分析而言更加具有准确性，能够发现更多的数据之间关系，并且发掘一些样本数据中难以展现的隐藏价值。从云计算分析平台功能来看，分析处理层可以通过多种分析方法实现对数据的有效处理，回归分析、时间序列、聚类分析等都是数据分析处理的有效手段。另外，还可以根据各企业具体的管理需求进行建模，结合企业关注重点对企业运行过程中的业务流程进行模型分析。通过对历史销售数据和竞争对手动态的分析，对销售数据进行合理预测，从而给出销售量及生产数量计划建议等。

（5）应用报告层。大数据下会计信息框架的最后一层是应用报告层，也是财务分析及会计信息管理的输出层。根据分析处理层所得出的最终结论，在应用报告层阶段出具会计报告。其中多维度和业财融合是会计报告生成的基本法则，会计报告体系与财务会计报告体系存在差异，会计报告更加关注关于管理层的客观需要，基于需要进行数据分析并且生成相应的结果。从格式上来看，会计报告并不局限于固定类型，也没有非常严格的时间要求，可以基于企业管理的不同需求生成不同格式、不同时间节点的会计报告。管理者可以应用会计报告中的相关信息，了解企业运行的状态，并且据此作出关于企业经营的具体规划，还可以以会计报告中的具体内容作为员工业绩考核的依据。大数据时代信息的获取更加便捷，也更加高效，对于会计报告而言，可以实时获取兼具全面性和准确性的会计报告，多维度展示企业运行情况，并从经营战略、预算体系、经营规划和业绩考核成果等方面给予相关建议。

3.2　大数据下会计信息质量所存在的问题

（1）可靠性方面。可靠性是会计信息质量的基础特性，要保障会计信息的可靠性，就需要为正在进行的经济业务进行真实记录，将企业财务经营成就进行真实呈现。大数据下会计信息质量在可靠性方面存在弄虚作假的现象，严重影响了会计信息整体质量，对市场运行和企业建设也产生不利影响。在传统会计工作模式的影响下，在各种报表进行编制后，还会配备一定的审核复核流程，在这种情况下会计信息整体质量较高，在可靠性方面具有优势。但由于大数据技术不断成熟，会计信息突破了时间和空间的限制，信息需求者获取信息更加容易，而企业出于在市场竞争下保护自身核心利益的观念，以及想要争取融资份额和扩大投资规模的心理，会产生粉饰企业真实经营数据的行为，对会计信息进行造假。在网络环境的影响下，对会计数据信息进行监管的难度很大，由于大数据下信息量剧增，一定程度上也会影响会计信息整体质量的可靠性。在激烈的市场竞争中，企业如果想要获得适当的发展空间，就需要掌握信息应用处理技术，对企业的会计信息质量进行持续性优化，打造具备可靠性的会计信息体系，保障会计信息的真实性。否则如果企业的会计信息整体缺乏可靠性，就会导致大数据技术在会计信息处理过程中的应用产生消极影响，这些消极影响不仅包括会计信息分析的真实性，还会影响企业的决策活动，导致决策失误，并为企业带来潜在的经济损失。但目前一些企业在优化管理秩序、加强企业内部结构整合的过程中，忽视了会计信息可靠性方面的建设，使会计信息缺乏可靠性和真实性，没有对所获得的会计信息及数据进行有效挖掘，找寻信息数据之间的内在联系，直接进行数据的应用，对大数据系统整体可靠性造成负面影响。信息数据缺乏有效监管。从我国传统市场经济发展情况来看，由于会计信息的涉密性，传统的会计信息处理模式大多依靠企业内会计人员进行，企业内另设审计监督部门对相关会计信息进行复核，保障数据的可靠性。但随着社会经济的发展进步，人工进行会计处理的模式已经为计算机系统所取代，会计信息产生和流通的速度大大提升，传统的信息处理模式已经不再适应时代要求，而传统的审计监督工作的难度也大大提升，在这个前提下，企业会计信息在可靠性方面由于缺少有效监管，导致存在潜在风险。并且由于信息数据有效监管的缺乏，影响企业管理者进行科学决策。

（2）相关性方面。在大数据的影响下，会计信息分析的工作量和工作难度大大提升，尤其是在巨大的数据规模中，进行有效数据的筛选尤其困难。除此之外，与传统抽样统计的方法不同，大数据技术下进行会计信息处理的范围有所扩大，但相关性却有所降低，对于企业会计岗位工作人员而言，进行会计信息处理、提升会计信息延展性的工作难度提升，工作内容也有所改变。不但需要和经济部门保持沟通与协作，可能还需要和产业链上的其他角色进行沟通，例如供应商和消费者群体等，都是需要建立沟通的环节，企业会计人员必须迅速适应新的工作内容，否则就会影响企业会计信息的整体质量。在内容延伸性不强的基础上，该种改变对会计信息相关性存在不利影响。在大数据时代背景下会计信息质量容易存在一定相关性问题。大数据的发展推动了经济建设进程整体变革和升级的步伐，改变了传统企业会计岗位的工作内容和结构，也提升了信息化建设水平。从会计工作本质来看，会计岗位的存在能够保障企业发展朝着计划战略的方向进行，为企业提供一系列财务管理和会计信息处理的服务，会计技术的建设提升是保障市场活力和经济情况整体提升的重要助力。但当前有的企业在优化自身会计信息质量时，没有及时将会计信息处理过程和大数据技术进行融合，没有成功应用大数据技术在对会计信息进行收集和分析方面的独特优势，会计信息分析整理的拓展性没有得到充分开发，导致会计分析可对比性下降，也影响了会计信息的质量。相关性对会计信息能够满足决策支持的特性作出了具体要求，在相关性方面存在的主要问题就在于对会计信息内容的延伸。在相关性要求下，对相关会计信息进行搜集、分析和处理的过程中，呈现的会计信息既需要顺应国家经济建设的基本号召，遵守国家宏观经济调控的各项要求，还需要正确呈现企业财务运行情况，为企业发展保驾护航。其与供应商和消费者群体的沟通已经从经济业务层面向社会活动转变。保障会计信息的相关性能够对企业决策进行正确分析，产生积极影响。如果会计信息不能帮助企业管理者作出正确决策，将被视为相关性方面存在缺失。在大数据背景影响下，会计信息要保障相关性质量，就必须重点关注会计信息的延展性。

（3）可理解性方面。会计信息的使用者既来自企业内部又来自企业外部，在不同的企业会计信息使用者之间，存在不同的知识结构和观点等。会计信息需求者持有共同的需求，就是需要获取可理解的、真实的财务会计信息，正确理解企业经营的状态，作出自己的投资或相关决策。可理解性是会计信息质量的基本要求，会计信息必须充分注重可理解性，通过多元化的途径提升会计信息质量。从通常意义上来说，会计信息质量最重要的两个特性就是相关性和可靠性，学界普遍认为，相关性和可靠性是保障会计信息质量的核心，基于这个共识，企业会计人员容易在工作过程中忽视其他特性，仅关注会计信息和财务报表的相关性和可靠性，将保障会计信息的客观性作为唯一工作目标，忽视了会计信息的可理解性。但事实上，可理解性是会计信息质量的重要辅助功能，是会计信息能够正常发挥功能的重要前提。会计信息质量必须符合表述要求，帮助信息需求者进行理解和掌握，只有具备了充分的可理解性，才能够赋予会计信息可使用的价值，否则即使在相关性和可靠性方面符合了要求，也会因为可理解性的缺失影响了会计信息的质量。可理解性作为不同会计信息需求者使用会计信息的基础，会计信息可理解性必须不断提升，才能够正确发挥会计信息质量的其他特性，为信息使用者提供决策建议。

（4）可比性方面。从可比性原则的角度看，企业之间会计信息需要保持口径一致，能够保障会计信息之间的可比性，这个可比性既包括同一企业在不同历史时期之间会计信息的可比性，又包括不同的企业在相同的会计期间可进行的对比。从这个层面来说，当经济业务相同时，就可以使用相同的会计方式进行处理。但在大数据帮助下，这一过程将更加高效。通过大数据平台，会计信息总体趋势和单独的变动都可以有所呈现，无论是规则的限定还是数据分析的结果都可以在大数据平台中进行展示。但这一变革的问题在于怎样对一体性或是异常情况进行判断，这些标准都需要人工进行规则的研究和设定。大数据技术及大数据平台的应用，企业会计团队的专业水平和技术能力都是企业发展建设过程中必须克服的困难。大数据为会计信息可比性的提升提供了新的路径，在提升工具方面保障了会计信息可比性，将会计主体作为信息数据提供者，再使用大数据技术对经济业务运行实行监督。会计主体内部可比性也可以借助大数据技术进行建设和延伸，通过大数据技术，能够对会计信息整体质量有更好的了解，及时发现数据异动，无论是过程性监控还是结果监控都能够保障监控质量，在人工设定的规则下，不断提升会计信息可比性，能够正确发挥数据可比性在进行市场运行情况分析方面的独特作用，但由于缺少可比性对比的相关工具和标准流程，使大数据下会计信息质量可比性方面不能得到充分发挥，这是当前会计信息质量可比性方面存在的较为明显的问题。可比性是为了帮助投资者能够正确接收企业运行相关数据，对比该企业不同时期的经营状况和变化趋势，对投资前景进行预判，保护投资者的权益。因此，会计信息可比性要求企业在运行过程中对相同交易事项必须采用相同的会计政策，会计政策方面不能进行变更，如必须变更，则必须以符合相关规定并且该项变更能够进一步提升会计信息的相关性和可靠性为前提，同时须添加该情况的声明附注，否则将不予变更。或者将不同企业在同一时期内发生的相同交易事项使用统一的会计政策，保障会计信息的可比性，使会计信息的使用者可以将不同企业的数据进行有效对比，确认报告中各项会计信息的数据情况。

（5）注重实质方面。要实现大数据技术在企业会计信息处理方面的应用，就必须在注重实质方面克服技术瓶颈，实现会计信息质量真实性的强化。但当前在会计信息质量注重实质方面存在一定问题，当会计信息在注重实质方面有所缺乏时，即使正确运用了大数据技术对基础财务数据进行分析处理，也无法获得正确的决策建议，容易导致企业的决策失误。由于企业会计工作内容的变革，有些企业由于经验缺失或者能力不足，在会计信息搜集的过程中，没有对信息数据的真实性进行确认，没有对数据关系进行深入挖掘就投入使用，没有深入探究会计信息的实质，甚至出现人为造假行为，影响了大数据技术的有效应用。会计信息注重实质的特性要求在会计信息处理过程中，强调实质重于形式，将企业进行相关交易业务的会计确认活动时，不能将该笔交易的法律形式作为唯一依据，如果不遵循注重实质的特性，就会导致会计信息偏向形式化，忽视会计活动对经济实质的正确认识，容易导致会计核算信息和客观事实之间难以保持一致性。在实际市场运行过程中，由于部分企业组织运行不够规范，容易在会计信息注重实质方面有所缺失，在经济现象愈发复杂的市场环境下，既不利于对会计信息质量进行有效监管，也不利于保护市场投资者的合法权益。尤其是处于大数据时代背景下，一些企业没有正确发挥大数据技术对企业会计工作的支持功能，没有及时对整体会计职能进行创新，导致在注重实质方面有所欠缺，使经济利益流入秩序产生混乱，还会对整个会计管理体系建设产生消极影响。企业会计信息在注重实质方面存在的问题，由于缺乏有效的数据监管，使在注重实质方面的欠缺更加明显。在会计信息处理的过程中，传统模式下依靠人工进行核算的模式已经逐渐被计算机淘汰，由于网络环境的特殊性和信息数据监管措施的缺失，加重了企业会计信息质量注重实质方面的问题程度，使企业在大数据技术应用于会计信息处理工作过程中没有充分认识会计信息质量建设的意义。以问题为导向，才能够解决会计信息质量存在的问题，强化会计信息质量在注重实质层面的特征，实现会计信息技术建设水平提升，发挥大数据在优化会计信息质量方面的效用。由此可见，当企业会计信息在注重实质方面产生问题，就容易使得会计信息的真实性和客观性受到影响。

（6）重要性方面。会计信息重要性是企业会计信息的重要构成部分，在重要性特征要求下，企业提供的会计信息和相关财务数据需要能够反映企业真实的运营情况和财务状况，将企业相关经营成果等重要业务和事项进行展示。在会计实务操作过程中，如果一项会计信息被忽略将导致决策失误，那么该项会计信息就被认为属于具有重要性的会计信息。对重要性进行判断是会计人员和会计信息使用者的专业能力，受会计信息使用者能力水平的影响，具体应从企业的运行情况、现金流量信息以及项目性质等要素方面发起分析，如果对会计信息重要性认识不足或者出现判断失误的情况，则会导致大数据下会计信息质量存在问题。会计信息和财务管理对企业生存发展起到重要的基础作用，保障会计信息有效性，能够帮助企业管理者对企业运行效益进行评估考核，对员工工作进行监督和管理。充分尊重会计信息的重要性，能够保障企业财务管理工作的有序进行，对企业的生产经营秩序产生积极影响。如果在企业经营过程中，会计信息缺乏了重要性，就会导致对企业的生产情况和资金情况把控不足，容易对企业相关决策造成不良影响，对融资活动的开展作出错误决策等，给企业带来隐患。正确发挥会计信息的重要性，才能够保障企业的经济效益运行机制，能够在市场竞争中实现平稳运营，不断提升企业的内部管理质量和发展活力，提升企业的核心竞争力。企业会计信息的重要性认识能够帮助企业有效控制管理成本，保障决策方向，促进整个市场的健康发展。在重要性方面存在的认识不足等现象，容易对会计信息质量产生不良影响。从重要性角度来看，会计信息重要性是保障会计信息能够具备财务管理和信息处理的重要手段之一，正确认识会计信息的重要性能够对企业的生产经营和市场开拓等方面产生深远影响，在信息技术不断成熟的发展趋势下，财务分析处理工作能够顺利完成与会计信息录入系统和流通机制是分不开的，在这个层面看，企业财务管理对企业业绩评价和工作监督起到了重要作用，如果对会计信息重要度把握不准，就无法发挥会计信息对企业所面临市场发展趋势的指导和决策判断作用，不仅会影响会计信息整体质量，也会对企业生存发展产生不利影响。

（7）谨慎性方面。谨慎性指的是企业进行业务交易的过程中，对各事项的会计确认和相关财务凭证的编制方面必须保持应有的谨慎，从而使得财务报表的真实性得到充分保障。在企业会计信息谨慎性特征下，财务报表能够真实反映企业财务运行情况，为企业决策提供依据。企业财务会计人员在进行会计活动时需要谨慎估计资产、收益、负债等数据，不应高估也不应低估，引起企业利润的虚增。对可能发生的资产减值损失计提减值准备，将可能的坏账提前进行体现，保障会计信息的谨慎性。使用加速折旧法对固定资产计提折旧，对折旧业务进行准确预估，遵循会计信息质量的谨慎性，就需要提前进行坏账准备，这也是会计信息质量的重要保障手段，如果在谨慎性方面发生不足，就容易导致企业财务数据报表的失真，影响企业整体会计信息质量。谨慎性也可以称为稳健性，在谨慎性要求下，会计处理进行过程中，在核算企业收入、费用和相关损失时，为企业会计信息使用者提供可靠性更高的数据信息，避免企业经营过程中的不确定因素，准确进行估计，作出正确的经营决策，实现企业的顺利发展。谨慎性的存在能够有效避免资产虚增现象，提升科学决策力度，优化企业利益流入机制。谨慎性对于保护企业债权人利益和企业会计原则的及时修正具有重要作用，对会计信息质量起到稳定和支撑的作用。在风险层面，谨慎性为企业保护提供思路，并且为会计日常业务提供指导，要求会计岗位人员在进行会计核算工作中必须以谨慎性作为前提进行风险预判和信息分析，精准控制资产和收益的预估差额，并且尽快落实将资产向费用转化的过程，从而获得企业效益。保障会计信息质量的谨慎性，就是保护投资者权益的重要手段，是防止企业报表粉饰、长期挂账的有效措施，因此，在谨慎性方面存在的不足就会导致企业出现利润虚增的现象，损害了企业小股东和投资者的正常利益，也不利于市场的稳定运行。

（8）及时性方面。随着互联网技术逐渐走向成熟，信息产生和传递的速度大大提升，会计信息的及时性也得到增强。当前越来越多的企业会计对大数据给予充分重视，这与大数据存在的及时性特点有关。由于大数据的应用，会计信息的数量规模迅速扩大，总量和传播速度都获得较大提升的前提下，保障会计信息质量成为维持市场平稳运行的关键要素。会计信息及时性要求会计信息必须得到准时的提供和处理，这也是由会计信息时效性本质决定的。会计信息如果缺乏了基本的时效性，就不能为企业的经济决策起到任何建议作用，就不存在任何价值。尤其在大数据时代，信息的更新换代速度更快，对会计信息的及时性要求也更高。这项变化带来了数据的产生与及时传达，但也彰显了及时性方面存在的问题。在会计信息总量大幅度提升的情况下，如何做好会计信息的及时采集和处理，是保障会计信息有效性的重要基础，如果在及时性方面存在任何缺失，都会使会计信息的价值大打折扣。会计信息需要在满足时效性的前提下进行处理，随着经济业务发生，能够及时取得相关的会计凭证，将产生的会计数据信息进行处理，生成财务报告。会计信息产生以后，迅速进行信息传递，最大程度保障会计信息的及时性。在大数据时代背景下，数据在及时处理方面面临更严峻的挑战，但同时在数据的传播方面享受到了一定的便利。大数据为数据处理提供了新的平台，平台中数据传递都按照既定的原则，为数据传输的及时性提供了更好保障。

3.3 大数据时代下会计信息质量低的主要原因

（1）财务数据整合共享程度相对低。企业组织规范程度低，财务数据整合共享的程度不足，是大数据时代下会计信息质量低的主要原因。在大数据时代背景下，许多企业在激烈的市场竞争中艰难生存，将利润点目光转向股东利益最大化方面。为实现股东利益的最大化，近年来不少企业进行内部改革，将企业的经营权从企业所有权中剥离出来，企业的股东将作为委托关系赋予管理者运营权力，这种变革目的是实现企业价值更大化，但在经营权分离的过程中，很多企业出现"一股独大"的情况，拥有较多股份的大股东为了获取更多利益开始排挤小股东，以求获得更多的企业控制权。在大数据影响下，会计信息透明度提升，大股东借助所掌握的会计信息对企业管理进行控制，使企业内部管理成效和财务数据整合共享程度降低。财务数据整合共享程度相对低还受到国有企业产权关系和法人资格缺失的影响。规范的企业财务会计行为能够对整个市场经济体制规范运行产生积极作用，随着现代企业制度的演变，两权分离成为现代企业制度的显著特征。会计信息质量低下的情况，进一步影响国民经济建设脚步，激化企业内部管理结构的混乱与矛盾，对整个社会经济效益和市场运行机制产生负面影响。大数据时代下会计信息和财务数据整合共享程度相对低还体现在市场机制的缺陷方面。由于市场经济运行体制的特殊性，市场经济需要以价值规律为基本原则，尊重投资者对利益的相关取向，不断优化资源配置，实现会计信息和社会资金的流通。市场机制的缺陷容易导致大数据时代下会计信息和财务数据整合共享程度相对低，影响会计信息的整体质量。这与市场经济体系有关，也与社会资源配置失衡现象有关。政府的行政干预和经济调控手段也对财务数据的整合共享程度存在一定影响力，由于政府行政与经济调控职能的重叠，使财务数据整合遇到一定瓶颈，影响会计信息质量的提升。

（2）企业内控信息沟通系统不完善。从企业的经济性质角度出发，近年来我国大多数企业开始开发线上 OA 软件或者沟通系统等，可以看出企业优化内部沟通秩序的思想，但从实际运行效果看则不尽如人意。首先在系统开发方面，我国软件工程水平还没有达到十分发达的程度，有一些财务软件整体或者软件内的功能依然需要依靠国外的技术才能实现，大多数企业自身都不具备软件研发的能力，在这个基础上，使用外部软件存在一定的风险性。另外在运行的过程中，由于软件系统的不稳定，容易在安全性方面存在一定隐患，导致企业核心机密的泄露。在这个情况下，企业无法建立成熟的内控信息沟通系统，对企业会计信息质量提升产生阻碍。企业内控信息沟通系统不完善，还表现在企业会计人员沟通意识和专业能力方面存在欠缺。在新的时代背景影响下，企业会计信息管理也需要及时适应市场提出的最新要求，与时俱进。在这个趋势下，企业会计人员必须加强沟通意识和专业能力培养，能够在多部门协作前提下进行精准的会计信息分析工作。但是从当前情况看，会计人员整体质量有待提升，对企业财务管理质量起到负面影响，也不利于企业的会计信息处理工作。在沟通意识和专业能力不足的情况下，企业会计人员不能提供具有决策价值的建议，延缓了企业追求与市场发展一致性的步伐。大数据时代企业会计信息质量低的趋势，不利于企业发展和市场平衡。另外企业内部管理体系还不十分完善，也影响着企业内控信息沟通系统的运行效果。对于企业而言，不具备完善的内部管理体系，就难以掌控会计信息的安全度。必须认识到要实现企业的平稳运行，就必须准确掌控会计信息安全度，收集市场上的有用信息和相关数据的同时，要做好自身信息的安全防护，加强企业信息管理效率和质量。会计人员是市场信息的主要采集者，也肩负着评估企业自身会计信息安全度和风险情况的重任。只有不断优化内部管理，才能够保障企业健康运行，实现企业会计信息质量的不断提升。

（3）拓展性不高。随着企业会计工作整体性的提升，要提升会计信息的水平，就需要保障会计工作的拓展性。如果会计工作缺乏了拓展性，必然会对会计信息整体质量产生不利影响，使会计工作在发挥对企业发展和战略建设的服务功能以及企业业务方面实现支撑，就必须拓展会计信息技术建设，这也是导致大数据时代下会计信息质量低的主要原因。目前有一些企业在会计信息建设层面拓展性不高，忽视大数据技术在会计信息收集和分析方面的功能，特别是在大数据技术的应用过程中，不能适应时代变革对会计分析拓展性提出的新要求，没有对企业会计信息质量建设拓展性方面给予充分关注，缺乏大数据管理组织系统，也没有配备大数据技术服务中心和指导机构，导致企业整体信息质量走低，也不利于大数据技术的持续展开和优化。会计信息拓展性对会计信息整体质量起到基础保障作用，由于缺少对会计活动进行规范的法律法规，出现会计信息拓展性不高的现象，也对大数据背景下会计信息质量产生负面影响。对于会计活动运行过程而言，顺利实施各项法律法规及相关政策对保障会计活动规范性，保障会计信息质量拓展性具有重要意义，但在当前对会计活动进行相关管制的法律法规在制定、颁布和执行方面仍存在一些问题，使相关法规的执行效果并不理想。这些缺失主要体现在缺少具体的会计信息质量操作标准和客观定义，缺少会计信息方面的相关操作流程和各会计信息特征之间的逻辑关系，对于会计准则而言，对会计信息的拓展性认识不足，无法适应会计信息使用者在拓展性方面的实际需求，影响了会计信息的拓展性。要保障会计信息质量拓展性，就必须不断强化外部监督手段，对会计信息拓展性进行有效监督，才能够成功避免拓展性不足对会计信息整体质量造成的不良影响。财务中介管理机构是保障会计活动运行的有效外部监督手段，这种外部监督形式有助于帮助信息需求者理解会计信息，获取有价值的信息，满足自身的信息需求。对于会计信息而言，投资者、债权人、政府都能作为会计信息需求者，他们都需要不同角度的会计信息，用于信息分析，掌握企业的经营状况，要求一些有效外部监督机构来保障会计信息质量的完整性和拓展性，对市场经济信息进行有效运作。如果缺少成熟的财务监督机构，不利于企业会计信息质量的提升。

（4）缺乏全面性。大数据时代下会计信息质量低的主要原因包括会计信息质量建设缺乏全面性。在大数据时代背景影响下，企业会计工作内容已经不同于传统会计岗位工作内容，传统企业会计的工作职能也已经不符合时代发展的需要。要保障大数据技术的有效利用，必须保障会计工作的延展性，加强会计信息的全面性建设。在会计信息质量建设过程中，在全面性方面的缺失比较明显。由于会计信息质量建设缺乏全面性，使大数据技术在会计信息处理方面不能得到有效利用，降低了企业会计整体工作效率。新的时代背景带来了新的信息数据结构，从新的数据结构看，数据之间呈零散分布，没有形成完整的数据群。虽然能够获取大量的数据，但这些数据信息的全面性并不高，人们获取信息之后，还需要应用信息处理的相关工具和技术，深入挖掘信息价值，正确进行信息分析。在企业运行过程中，财务会计人员编制相关报表对企业经营成果进行记录和分析，将数据之间的关联性进行准确分析，发现数据之间的内在关系。会计信息核心的功能就是为企业管理者制定相关决策提供数据依据和建议。在会计信息的质量要求中，全面性也是会计信息质量的重要指标之一，必须保障会计信息全面性，才能够规范会计信息披露行为，保护市场经济体制的稳定运行和发展。由于会计信息全面性中存在的问题，加重了会计信息的失真程度，在会计经济交易过程、会计核算和会计信息披露过程都容易造成失真现象。在会计核算过程中，借助原始凭证或者相关财务报表的失真现象影响核算真实性和全面性，而在会计信息披露过程中，对既有的会计信息进行隐藏或者延期披露等行为，造成了会计信息质量差的现象[①]。

（5）真实性不高。目前，虽然人工智能处理技术已经可以替代会计人员完成传统的账目记录、核算，能够在短时间内将基础流程业务简捷、准确地完成，将会计人员从传统的复杂的工作流程中解放出来。但随着社会发展需要，会计的工作范围也由传统的核算账目，逐渐拓展至参与各项经济管理活动中。

---

① 王丹. 大数据视域下企业会计信息质量研究［J］. 财会学习，2022（17）：75 - 77.

人工智能虽然能代替人们完成大多数基础核算工作，但却不具备人对周围环境的认知与感受，无法通过周遭变化而作出相应反馈。一方面，企业在进行经济业务时，经常会出现无法确定结果的交易事项，这时就需要依据财务报表中的信息反馈作为对事项结果评估的参照，从而作出相关结果的预测。会计估计的存在基础在于，当经济环境中出现突发事件时，能够随环境变化将一些不确定因素及时地考虑在整体事项中，并针对这些不确定因素预测出未来可能出现的一些结果。这就要求需要在已经提供出的财务报告中，对这些突发因素进行详细的补充与描述，从而使财务报告反映出的信息更加准确。另一方面，在信息披露时，企业需要将过去产生的交易事项或因其他因素导致的负债情况详细地注明在财务报告中。需要财务会计人员参与，利用专业知识分析这些负债信息是否是由企业所提供的数据中所产生的，并且对这些数据进行详细的追源与标注。会计人员还需要对企业经济行为中有可能与负债行为产生联系的交易事项进行列举，并针对企业未来资金流向作出相关计量预测。会计信息处理化技术虽然能为会计工作带来便利，但在实际操作中在遭遇到环境变化时，人工智能都无法直接替代人们完成决策的需要。新的时代背景下，大数据技术应用必须放在保障企业会计信息处理工作的有效开展层面，不断强化会计信息质量的真实性，切实提升实际工作的价值和能力，特别是大数据技术在会计信息处理方面的应用。由于企业会计岗位工作人员经验不足、计算机应用水平欠缺和对企业核心信息的保护意识薄弱时，就会影响会计信息的整体质量，一旦会计信息缺乏了真实性，就会导致大数据技术的分析效果减弱，无法为企业决策提供建议，并且还容易导致决策失误。随着大数据技术的发展，企业能够获取的会计信息规模有了较大提升，经过有效的筛选措施之后，企业也能够获得与企业内部和外部相关的会计信息处理工作的相关数据，但如此庞大的数据量对于企业的筛选和判定能力形成了考验。甚至还有一些企业存在造假行为，进一步影响了会计信息质量的真实性。在大数据背景下，企业会计部门要处理更多的信息量，并且在巨大的信息规模中需要筛选相关性和真实性的有价值信息。如果会计人员存在工作方式方法中的思维定式，很容易导致对会计行业变化缺乏正确认识，使会计信息整体质量出现下降。法律监管措施不到位也加剧了会计信息质量缺乏真实性的情况，随着互联网信息技术的逐渐成熟，企业会计信息产生和传播的速度持续增加。与这一情况并不相适应的是，在法律监管措施方面出现缺位，甚至在一些会计信息质量监管层面存在一定的法律空白。对于企业运营决策而言，会计信息的整体质量影响着企业正常的运行秩序，也对整个市场的稳定起到关键作用，对经济社会的发展存在重要作用。会计信息的整体质量情况的变动容易对整个社会经济秩序产生冲击，从这一层面看，相应的法律监管措施是必要的，否则对企业的会计信息质量真实性就无法起到保障作用，许多企业在一己私利的影响下，容易忽视会计信息质量真实性建设，使会计信息的整体质量受到影响。

（6）企业缺少监督机制。在大数据时代背景影响下，信息技术实现高速发展和迅速革新，互联网技术积极与企业的生产经营过程进行融合，为企业会计信息质量的提升创造了更好的条件。在新的时代机遇面前，企业需要具备高技术水平的会计人才，才能够完成对专业会计信息的处理工作，对复杂的会计信息数据进行正确处理，保障企业会计信息质量。这些新的变化趋势需要会计人才基本结构的更新，从财务报表编制录入等基础工作向信息化处理转变，向决策功能发挥和科学进行绩效考核转变。另外，在高科技电子设备的帮助下，会计信息处理过程也逐渐向便捷化、科技化发展，这又对企业会计人才的技术水平提出更高要求。企业的会计人才必须对电子设备分析结果进行人为干预，完成信息的比对和分析，形成系统的分析报告，这对会计人员的工作经验和专业度提出了更高的要求。从目前情况来说，会计筛选的严格度还不够，会计信息的完善程度还不足以发挥指导企业发展方向的重要作用。究其原因，主要是会计人员素质参差不齐，缺乏高技术水平的会计人才，大多数会计人员的技术技能水平还不足，对会计信息进行处理时缺乏基本的技术水平，只能够处理一些基本业务，在进行套期保值等操作时则可能存在由于不了解会计法律法规等而产生工作失误，或者引起工作效率和工作质量的降低，还为企业带来了一些安全隐患和潜在损失。在一些企业当中，会计人员不具备足够的专业度，对企业运营的基本理论和行业法规政策等都不具备深刻的认识，通过企业内部培训也没有建立专业的能力结构和职业道德。甚至还有一些会计人员为个人利益弄虚作假或者做假账等，都影响着会计人员基本能力和整体质量，导致会计信息质量的降低，无法满足市场上会计信息使用者的实际需求。通过对企业会计岗位人员的工作内容分析和对传统会计工作内容的比对，要正确处理复杂度更高、数量更多的会计信息，就需要提升工作能力，发掘每组会计信息中隐藏的侧重点和数据间关系，如果企业的会计人员缺少筛选会计信息的能力和会计行业的专业技能，就容易在筛选数据的时候出现失误，直接影响企业的决策方向，带来潜在的经济损失风险。对于会计专业而言，会计信息处理只是会计专业的一个小部分内容，并且会计信息处理和会计合并在我国也缺少丰富的实践经验，在我国基本处于初级发展阶段，因此对于会计专业学生而言，对于企业会计工作岗位中会计信息处理工作缺少相应的学习经历，难以适应企业需求。大数据时代会计信息质量管控的相关法律体系尚未实现健全。完善的法律体系关系会计信息处理的质量，是企业平稳运营的重要保障。在大数据时代，我国关于会计信息质量管控的相关法律体系尚未实现健全，对企业会计信息处理工作进行合理规范的程度不够。在企业会计工作中，套期保值是会计业务中的重要环节，套期保值业务质量能够帮助企业有效进行信息保护、能够顺利应对市场上价格波动引发的相关风险，对于实现企业平稳运行和长远发展具有重要意义。为避免因会计信息处理方式不到位引起的潜在风险问题，出台了相关法律规章，对会计信息进行有效保护，但至今关于大数据时代会计信息质量管控的相关法律体系尚未实现健全。会计业务人员进行会计信息处理的能力不足，综合素质偏低。承担会计人才培养任务的高校在会计教学过程中，对会计信息处理的相关课程内容涉及不多，学生没有机会学习有关会计信息处理的相关知识，在进入企业后难以胜任企业会计环境下会计信息处理的相关工作，导致会计业务人员进行会计信息处理的能力不足。会计信息处理需要制定科学的政策及框架，规范会计信息处理行为。企业对会计信息处理行为的引导不仅应当包括会计信息处理行为准则，还应当包括会计信息处理过程的相关审计监督板块。权益结合法是将企业所有者权益进行有效结合，在企业合并时以权益结合的形式代替资产购买。在权益结合法下，被购买方不需要进行资产负债重新估价。由于企业环境下会计合并处理信息进行审计监督的相关措施不到位，在进行会计信息处理风险评估工作时，缺少相应的专门岗位人员，也缺少会计合并处理信息的审计监督措施，这种缺失增加了业务衔接不畅通的程度，造成了一定的隐患[①]。

（7）企业尚未充分利用信息管理系统。对于现代企业而言，企业信息管理系统的建设程度影响了企业会计信息的质量，具备完善的企业信息管理系统是实现企业会计信息质量的重要保障。企业领导者需要对企业信息管理系统给予充分重视，才能够正确发挥信息管理系统对于引导企业健康发展的重要作用。企业信息管理系统需要不断完善和更新，才能够正确发挥效用。有些企业由于缺乏长远发展的战略性目光，往往忽视信息管理系统的及时更新。有的企业认识不到企业管理系统更新的重要性，缺乏对企业信息管理系统的综合认

① 徐艺铭. 公立医院资产信息化管理应用分析 ［J］. 环渤海经济瞭望，2022（1）：135－137.

识，对企业建设和整个行业发展造成不良影响。目前在国家政策的引导下，我国社会公共服务水平不断提升，公共服务系统不断完善，信息化建设水平也实现持续提升。随着信息的转型发展，容易出现由于没有进行及时的交流和沟通，导致信息的共享程度低的情况。这种孤岛现象会影响企业内部的工作效率，使企业会计核算工作存在较低的工作效率和工作质量，不利于企业的整体发展。对于会计监督工作而言，企业内部审计监督是会计监督的最重要部分，各部门协作交流程度不足使企业内部审计监督质量不佳，不能正确发挥监督企业经济状况的功能，甚至还可能出现形式化内部审计监督的现象，这些现象都不利于企业会计核算的标准化运行。随着社会金融体系的不断发展，目前我国众多大型企业都具备完善的财务结构管理与核算体系，会计财务管理工作已成为我国现代大型企业财务指标管理工作的重点。但是在现实环境中，还有许多中小型企业由于缺乏对会计财务管理信息技术方面的深度了解与应用，总体的会计业务流程还保持相对传统与基础的水平，有一些较为复杂的信息处理与审核流程还无法依靠自身条件得到妥善地处理。所以，很多时候他们需要通过求助大型企业财务部门来辅助开展手工操作，如此一来，不仅增加了工作人员的工作量，也提高了处理信息的成本。虽然目前在市面上已经存在大量的财务型应用软件，也具有较为全面的分类型应用功能，可以满足大多数不同业务类型的企业需求，但想要灵活自如运用这些软件，就需要具备较高的智能化系统管理与维护水平，但事实上，显然目前许多中小型企业所具备的技能水平，还不足以支撑这些软件进行稳定的优化更新、维护与应用。对于审计业务而言，业务数据录入的准确度具有关键性作用。会计信息质量的保障必须要求审计业务以及相关业务数据录入的准确度。并且，很多审计业务需要凭借手动制作和录入，这就在准确度方面提出了更加严格的要求。但目前在一些大型企业会计应用软件中，有许多软件功能并不能对数据进行有效合并，许多操作还需要工作人员进行手动合并，因此，会导致会计信息财务报表得不到有效处理，严重影响企业工作开展进度①。

（8）企业的会计信息安全受到系统性威胁。在过去的几年里，我国大多数企业已经陆续开始引用企业智能化会计服务技术，并将其广泛地运用于会计信息的处理。在常规财务会计信息系统中，智能化信息处理方式能够实时对信息进行优化处理，保证业务相关信息能够在决策各项经济业务时起到良好的助

---

① 郑花. 大数据视域下企业会计信息质量研究［J］. 环渤海经济瞭望，2022（1）：144 - 146.

推作用。同时，电子化的技术形式也让海量信息具备一个良好的储存环境。虽然财务会计智能化系统为会计行业创造了诸多的便利，但是在当前互联网飞速发展的时代，随着各种新兴技术的不断崛起，越来越多的黑客网络技术层出不穷，不断对网络安全环境造成各种威胁。如果企业的网络安全系统存在漏洞，很容易被黑客捕获并加以利用，导致财务会计数据泄漏或显示异常，安全不能得到有效保障，更有甚者可能会面临系统的全面崩溃，信息数据全部丢失，对企业造成不可估量的损失。在近几年的数据统计中，大多数黑客或商业间谍都是以大数据作为主要攻击目标，在企业层面上，每年因为遭受黑客攻击造成的经济损失金额数量高达千万，甚至上亿。而在多数攻击手段中，最为普遍，也是攻击性最强的便是病毒攻击。漏洞已经成为网络安全的最大威胁，通过漏洞感染的病毒数量传播速度极快，危险性也极高，且具有一定的伪装性，不易被杀毒软件捕获，一度成为电子信息时代勒索犯罪的一种惯用手段，给企业经营发展带来严重的威胁。因此，现代企业在引进智能化技术的同时，不能只单纯地利用智能化带来的便利，还需要通过不断地研究与学习，提升现代企业财务管理中的数据智能化水平，持续加强对信息系统安全性、完整性的全面优化，以确保其安全指标能够达到保障标准。

第4章

会计信息质量主要影响因素分析

4.1　内部控制

4.1.1　内部控制与会计质量关系分析

从国外组织对内部控制的概念阐述中看，加拿大特许会计师协会认为内部控制涵盖关于组织规划构成的相关内容，各部门之间达成协调运行的关系，能够保障企业的有序发展，帮助企业加快实现管理质量优化的目标。对企业来说，优化企业会计信息可靠性和及时性，保护企业的资金安全都是企业管理目标的组成部分。美国审计准则委员会在对内部控制进行定义时主要在内容层面作了相关解释，将组织规划协调和管理部门决策纳入内部控制的概念，通过与决定过程有关的方法，有效实现对企业资产的保护，并通过提供具备真实性的财务记录，从而能够直接或者间接实现组织发展目标。美国注册会计师协会将内部控制定义为企业出于保护自身资产的目的，采用多种措施对企业内部管理进行协调，始终关注会计信息可靠性的提升，从而实现经营效率的整体提升。COSO 报告中也对内部控制的概念进行了描述，报告中提到，内部控制是一个综合性概念，指的是在企业中由董事会、经理或者员工等阶层确立并实施的，为达成公司经营成果、实现企业财务报告可靠性的优化和运营效率的提升、审视公司对于相关法律法规的遵循情况等目标，通过各种内部控制过程保障目标的完成，维持企业正常经营秩序，助力企业生存发展。在我国，关于内部控制的概念，中国注册会计师协会认为内部控制是企业为对内部进行合理管控，保障企业的有序运行、资金安全和会计信息真实性而采取的相关措施①。财政部

---

① 何玉芬. 基于内部控制环境的会计信息质量问题探析［D］. 南昌：江西财经大学，2009.

指出内部控制是企业为提升经济活动有效性，减少欺诈舞弊现象的发生，为达成资金资产保护的目的而实行的相关程序。证监会表示内部控制是证券公司应对经营管理环境变化，为实现其经营目标而提出的相关制度和安排，可以对证券公司可能面临的市场风险进行鉴别和评估，保障公司平稳运行。中国人民银行则将内部控制界定为商业银行制定的一系列有助于经营目标达成的相关措施，对可能发生的危机进行防范，并且配备动态管理机制实现有效控制①。

（1）内部控制的组成要素。首先是控制环境，控制环境是内部控制的重要基础，是企业生存的关键所在，也是企业变革升级的基础，为企业中的业务活动提供了着力点。在控制环境的影响下，企业得以架构起基本的纪律及制度，在基本制度下进行企业经营及建设。在控制环境的大框架下，塑造企业文化，培养员工的责任意识等。具体到内容上，它可以包括企业员工对于工作岗位和内容的胜任能力，员工职业道德情况、企业经营战略、企业董事会和审计组织、人力资源等方面②。其次是风险评估，风险评估属于企业风险管理的范畴，也是企业内部控制的重要组成要素。由于市场环境多变，企业作为经济主体在运行过程中需要从大局进行分析，充分研究各风险要素之间的联系，科学进行风险预判。企业运行过程中可能面对来自社会组织、外部环境变化、政策法规和行业性行为等方面的风险要素，如不进行妥善分析和应对，可能会对企业权益造成损害，因此，企业管理层必须具备进行风险管控的能力。要使企业可以成功应对市场发展过程中面临的各项风险，就需要在科学的经营管理目标下，展开系统性分析，建立阶段性的目标行动计划，保障企业管理目标的顺利完成。制定完善的风险预案和应对计划，不断促进经营管理活动风险管控能力的提升，帮助企业尽早达成经营管理的预期目标③。控制活动也是内部控制的组成要素，控制活动指的是企业的各部门需要严格遵守的各项规定和政策，保障企业顺利实现经营管理目标。可以将控制活动分为三部分：预防互联性控制、人为互动性控制和计算机控制。再次是信息与沟通，在企业运行的各个部门和各个环节，信息和沟通都会发挥作用。具备了良好的信息和沟通要素，就能够及时准确地获取信息，提升企业沟通效率和工作效率，有利于工作开展。因此，企业建设发展过程中，打造畅通的信息共享和沟通机制对于企业运行具

---

① 王燕燕. 内部控制、独立董事背景与会计信息质量［D］. 兰州：甘肃政法大学，2020.

② 何玉芬，陈莉. 企业文化对会计信息质量的影响［J］. 中国乡镇企业会计，2013（2）：154 - 155.

③ 杨飞萍. 董事高管责任保险、会计信息质量与股价同步性［D］. 成都：西南财经大学，2021.

有重要作用，必须重视信息和沟通要素，实现企业内部信息和沟通的高效进行。最后是监督。企业的有序运行离不开监督，监督在企业经营管理的各个流程都是重要手段。在企业运行的不同阶段，需要根据企业需求，不断优化监督手段，实现企业内部控制效果的全面提升。为此，要加快推进企业监督手段升级，建立动态监控，保障监控价值，改变传统监督方式的相关缺陷，充分发挥监督要素对于企业平稳运行的重要保障作用①。

内部控制的要素互相联系，不可分割，共同组成了内部控制过程。其中，控制环境是核心，保障了企业内控能够发挥效用，监督作用是保障内部控制有序发展的基础要素，风险评估是企业应对外部风险的必要途径，信息与沟通可以联系其他几个要素。在这几个要素的有机组合下，企业能够根据市场趋势变化迅速反应。企业内控经过不断发展，已经作为贯通体制涵盖了企业经营管理的各个过程中，成为企业发展的重要基石②。企业要实现平稳有序运行，就必须重视内部控制工作，尊重内部控制框架，将各要素之间的联系关系进行分析和落实，运用到企业经营管理过程中。企业要实现内部控制目标，就必须建立完善的控制环境，具备风险评估能力，对企业运行中可能面临的各项风险进行及时识别、评估和判断，在各要素的影响下，企业要不断提升控制活动的有效性，通过信息和沟通，不断提升企业内部监督的质量，保障内部控制各项政策的实行效果，提升企业运行机制的有效性③。

（2）内部控制与会计信息质量关系。首先，从目标层面分析。内部控制是企业进行风险管控，维持经营管理秩序、保障企业平稳运行的各项手段和政策，在合理的内部控制措施下，企业能够实现高效率高质量的运行。在企业进行内部控制活动的过程中，审计部门要时刻发挥监督效用，保障各项经营活动运行有序，对于内部控制的目标可以理解为提升财务管理成效，保障会计信息真实性，在国家法律规定下保障企业收益。而企业进行财务管理的目标可以理解为提升财务报告有效性，反映企业真实经营情况，保障企业会计信息有效性，打造通畅的信息交流机制。从目标层面分析内部控制与会计信息质量的关系可以看出，二者的目标都涵盖真实性和可靠性的内容，在合理的内部控制手

---

① 宋春辉. 内部控制环境要素对会计信息质量影响的探析 ［D］. 南昌：江西财经大学，2006.

② 伍岳. CEO 海外背景对会计信息质量的影响研究 ［D］. 长沙：长沙理工大学，2019.

③ 刘海兰. 财务背景独立董事与内部控制审计意见及会计信息质量的相关性研究 ［J］. 经济研究导刊，2022（15）：131 – 133.

段下，企业的会计信息质量也能得到提升①。其次，通过对委托代理理论分析。从委托代理理论层面看，企业是一种行政协调机制，企业在运行过程中需要对价格体系进行合理管控，处理各项交易费用。从企业管理角度看，监督属于制衡职能，在企业组织机构设置内部控制和监督目的为实现有效制衡，补偿企业契约的不完善。对于管理者来说，其了解企业更加深层的信息，在利益驱使下，可能就会出现契约破坏的行为，对企业权益造成损害。通过对委托代理理论的分析可以看出，在企业中所有者承担的是委托人的角色，而企业经营者承担的则是代理人的角色，企业的所有者和经营者之间建立了委托代理的关系。委托人和代理人在委托代理关系中拥有着不同的目标。委托人是为了要实现企业利益的最大化，而代理人则更偏向于个人利益的实现与保护，由此可得，委托人和代理人由于目的的不同，在委托代理关系中存在着一定的利益矛盾。在这种情况下，如果不具备相应的利益分配机制与监督机制，代理人就容易利用制度漏洞，为个人利益侵害企业利益。为了避免这种情况的发生，委托人会建立相应的防范措施与制度体系，督促代理人规范行为，实现委托人利益的保护。委托人需要通过财务报告了解企业运行情况及管理者的管理水平和工作成效，因此，会计信息和相关数据资料的真实性至关重要。从这个角度看，制衡监督能够有效弥补信息不对称现象导致的弊端，减少徇私舞弊的行为发生，对企业利益进行合理保护。通过高效的内部控制体系，能够有效保护企业所有者权益，减少代理人操纵利润、提升会计信息质量的可靠性②。最后，从内部控制的五个要素解析内部控制与会计信息质量的关系。从公司治理角度看，股东需要对企业经济活动成果、会计信息进行了解，并作为有效决策依据作出相关运营决策，审计委员会、独立董事制度都能够有效发挥风险防控的重要作用，控制会计人员徇私舞弊的行为，提升企业会计信息的有效性、客观性及整体质量。从企业的组织结构看，企业应将部门间的权力和职责进行合理划分，以制衡的思想构建企业组织体系，能够将制度的效用最大化，减少财务积弊的可能性。从企业文化氛围的层面进行分析，企业需要将诚实守信等价值观内容和一些职业道德的相关原则融入企业文化，对企业员工进行培训。在管理者的个人素养和管理风格下，积极发挥管理者对会计信息质量存在的影响力。保障内部控制环境有利于不断完善企业治理结构，形成良好的企业文化氛围，

① 贺艳. 天航集团内部控制体系构建研究 [D]. 北京：中国地质大学（北京），2014.

② 张利娟. 中小企业会计信息质量研究 [J]. 时代金融，2018 (8)：234+246.

从而实现企业会计信息质量的整体优化。从风险评估角度看，随着市场竞争的日益激烈，企业需要面临来自外部的多重考验，稍有不慎，就容易造成经济损失。企业要想赢得激烈的市场竞争，正确应对复杂的外部环境对企业生存发展提出的种种挑战，就需要建立风险预警制度，通过对各种企业管理经营风险的把控，减少盈余操纵现象，保障企业有序运行。从控制活动角度看，控制活动有助于企业进行内部控制，控制活动包含预算控制、财产控制、授权审批等相关程序。在企业中开展控制活动主要目的是实现内部牵制，减少财务舞弊现象，保障企业资金资产和运行环境安全，加快各项资源的优化配置，提升会计信息的整体质量。从信息与沟通角度看，企业的信息与沟通质量不佳的情况下，容易滋生财务舞弊现象，因此，企业需要建立通畅的内外部沟通体系，使信息能够在各部门之间高效传递。在信息传达和交流的过程中，可以加快员工责任意识的培育，从而为实现企业会计信息质量的整体优化提供基础。在高效准确沟通的前提下，打造各部门交流协作机制，提升企业运行效率。从监督角度看，可以通过有效监督手段，及时发现企业运行过程中可能存在的内控问题，并进行改正。在有效监督手段的帮助下，企业会计信息质量得以提升，对企业运行情况进行监控，减少财务造假的现象①。

4.1.2　内部控制对会计信息质量的影响

（1）公司治理对会计信息质量的影响。公司治理中，股东大会对会计信息质量存在影响作用。企业建立了良好的会计运行制度，也需要在先进的企业文化、科学的组织结构和完善的公司体制基础上才能实现企业的正常发展。在对公司进行治理的过程中，股东大会影响着会计信息质量的整体情况。股东大会作为一个企业的最高权力组织，企业中所有的重大事项都需要经过股东大会来决定，这些事项包括但不限于企业注册资本变动、董事选举、企业的分立和解散等。股东大会是企业制下股东权益的保障组织，事关企业运行的重要事务都需要获得股东大会的批准才可进行。在股东大会上，股东可以对财务报告提出相关询问，尤其是在一些企业经营权、所有权相分离的企业，股东没有直接参与公司的运行管理，都是通过股东大会来进行对公司的控制，了解公司的运行情况，这些了解就需要依靠企业的会计信息为基础。只有企业保障会计信息

---

① 周晓光. 高管特征与企业发展：高管学术经历对企业创新及价值影响研究［D］. 南宁：广西大学，2021.

质量，才能够帮助股东了解企业运行情况，进行正确决策。因此，企业会计信息质量事关股东对公司的正确决策，事关股东能否正常行使对公司的控制权力，也是股东进行企业管理的重要途径。我国公司法中，对股东权力作了相关规定，股东可以查阅财务报告，行使相关职能，决定公司对会计师的聘用工作以及投资计划等。公司治理中，董事会对会计信息质量存在影响作用。我国从21世纪初期就开始尝试引入独立董事制度，对内部人员进行有效约束以及保障财务报告真实性方面起到重要作用，防止内部人员为一己私利引发的虚假交易或者隐瞒资产等行为，影响企业利益。董事会人员构成和能力也影响着企业会计信息质量。具备较多独立董事的董事会更能够行使自主权，防止外界的干预和财务舞弊现象，有助于提升监督力度和财务信息的透明化。在公司治理的过程中，还需要认识到董事会对会计信息质量存在的影响作用。董事会是企业的核心组织，肩负着涵盖保障公司会计信息质量在内等诸多重要责任。一些上市公司按规定向外进行财务披露之前，必须先要获得董事会的批准。此外，董事会还有责任保障经批准公司披露的财务数据的真实性和合法性。我国的公司法中规定董事会对企业的经营计划负责，企业的投资方案和财务预算计划需要经董事会批准才能实行，另外董事会还负责批准与利润分配相关的方案与计划，决定财务负责人等。在现代企业体制中，为保障董事会在财务决策方面的正确性，一般企业会在董事会下设置审计委员会，负责对公司管理层和财务系统进行有效监督。一般认为，审计委员会具有对审计机构进行核查的职责，必要时申请更换，监督企业内部控制情况和审计制度的实施，审核需披露的各项财务数据，审计委员会有助于企业会计信息质量的保障工作。此外，董事会的独立性及人员构成也影响着企业会计信息质量，独立性是影响董事会效率和重要因素，也对企业会计信息质量存在一定影响作用。公司治理中，监事会对会计信息质量存在影响作用①。公司治理过程中，监事会也对会计信息质量存在着影响作用。由于公司的会计信息质量和治理结构之间具有密切联系，因此保障公司治理结构的科学性对于实现会计信息质量的整体提升就具有积极作用，有助于保障会计信息质量的可靠性和真实性。而监事会作为监督部门，在公司治理过程中主要发挥的就是有效监督和及时纠正作用，检查公司相关业务，核查财务方面的具体资料以及待提交的材料等。监事会的监督功能能够有效防止

① 余婷，吴勇，何亚伟. 内部控制效率与会计稳健性［J］. 安徽工业大学学报（社会科学版），2012，29（2）：27-30+33.

企业内部出现财务舞弊以及损害股东相关权益的情况出现。要充分保障监事会机构的完善度，使监事会能够正确发挥对企业董事会和管理层的监督作用。在监事会的监督下，有效减少财务舞弊行为，从而实现企业会计信息真实性和可靠性的整体提升。在规范的会计信息披露制度下，企业能够及时进行财务披露，将有效的财务信息传达给信息使用者，实现会计信息的高效流通。我国公司法中给出监事会职权的相关解释，公司监事会需要承担对公司财务情况的检查工作，如果监事会发现企业的董事会和管理层的相关人员可能存在有损公司权益的行为时，应提出并予以纠正。在公司运营过程中，在股东大会上，监事会具有提出议案的权力。并且如果有公司股东不履行股东职责，监事会还可以代替这些股东进行股东大会的召集和主持工作。当董事会、管理层存在非法行为时，监事会可以提议罢免或者提起法律诉讼①。

（2）组织结构对会计信息质量的影响。组织机构是企业为保障经营活动秩序而建立的对企业经营进行有效协调的相关框架，组织结构既包含了对企业经营活动进行合理计划和控制的整体架构，也包含了相应的细化职责内容，因此，组织结构也对会计信息质量存在重要的影响关系。首先，具备组织机构是能够实现企业内部会计控制的重要基础，而实现会计信息质量的整体优化就是企业内部会计控制的重点工作之一。由此可见，企业保障组织结构完整性和科学性，对于内部控制效果具有提升作用，就有机会通过有效的控制措施提升会计信息的真实性。在对公司进行内部会计控制和财务管理优化的过程中，要采用一系列方法，保障内部会计控制效果，并对具体的会计控制流程作出规定，从而实现企业会计信息数据披露的规范性和科学性，保障企业会计相关资料的完整性。在合理组织结构的影响下，企业的各部门能够顺畅地进行交流和沟通，无论是财务方面的相关信息还是非财务方面的信息，都能够进行良好的沟通，进行经济业务相关数据的规范披露。在这个过程中，需要及时对相关信息进行识别、沟通和处理，保障信息的准确及时提供。只有信息能够具备及时性和可靠性方面的要求，才能够正确发挥效用。如果缺少通畅的信息流通制度，就会导致组织间的沟通受到阻碍，会计人员无法及时提供会计信息，就会对会计信息质量产生负面影响。组织机构对会计信息质量的影响在企业权责分配方面也有所体现。权责分配是企业内部控制的基本原则之一，权责分配要求企业根据自身实际，对各部门工作职责进行明确分配，使岗位负责人了解岗位责

① 龚思旭. 金融资产配置、高管金融背景和企业信用风险［D］. 贵阳：贵州大学，2021.

任，积极维护企业内控环境。合理的权责分配机制有利于避免职务分离等现象。企业进行科学的权责分配，实现钱、账、物的分管，就能够达成合理的职责划分，避免交易过程资源集中。在企业权责分配机制下，各部门相互核对制衡，可以有效杜绝舞弊现象和虚假信息，提升财务管理质量与客观性。授权批准是对交易中的过程进行适当授权，授权外的交易或者未经授权的则不得进行。在交易发生之前，通过合理授权就可以明确各员工的职责权限，保障会计信息的真实性。内部机构的设置是企业内部控制的重要环节，每个企业都需要以科学高效为特征的内部组织机构，企业在优化组织机构设置时必须将信息与沟通要素放在重要位置，及时对各部门负责人提出关于信息与沟通方面的要求与目标，实现部门负责人对工作的责任，有效进行部门管理和内部控制。要避免臃肿的内部机构设置，精简人员，提升工作效率，才能打造通畅的信息流通系统，提升会计信息质量。具体到财务管理和会计信息质量层面，企业中董事会和监事会是对会计信息质量影响最大的组织结构部门。在企业中具有良好内部机构设置的主要特征就是精简和高效，在企业进行内部结构设置时，就会着重以精简和高效的原则，考察部门负责人的信息沟通能力，监管人员的专业水平以及人力资源配置的优化方案，从而保障企业间信息的通畅度。董事会是企业运行的核心所在，作为企业治理的主要角色，企业的董事会对股东大会负责，在企业的会计人员按照相关规范进行财务报告披露之前，必须获得董事会的准许，而董事会中，由于独立董事的性质，对董事会成员存在制衡作用，能够实现对企业各部门经理业务流程的有效监督，保障财务信息的客观性。而监事会从部门性质上讲属于监督机构，主要负责检查公司财务情况、核对企业会计报告等事项，对企业的营业报告和会计资料等，需要检查资料真实性。在监事会能够正常行使监督权力的情况下，企业管理层的行为会得以规范，对企业会计信息整体质量提升起到积极的促进作用①。

（3）企业文化对会计信息质量的影响。企业文化分属道德规范层面，企业文化氛围也对企业管理秩序存在重要影响，尤其在于对管理理念和员工价值取向方面。企业文化氛围影响管理人员经营思维的建立，并且引导员工的行为方式，在财务管理范畴，企业管理人员和会计岗位人员都是会计信息产生的重要参与主体，从这个角度看，企业文化对企业会计信息质量存在一定的影响作用。首先，企业文化范畴中，管理层对于会计信息质量的重视程度和了解程度

---

① 龙云辉. 律师权利研究［D］. 重庆：重庆大学，2008.

就会影响在企业财务管理中的各个流程，如果企业的管理层不太了解相关的法规和制度，不能在公司法和其他法律的要求下进行企业会计信息的规范披露，将会降低企业会计信息的整体质量。如果企业管理层人员不尊重法律的权威性，仅关注个人利益等，就容易出现指使会计人员造假的行为，导致失真企业会计信息的出现。另外，企业会计人员的职业道德也对企业会计信息质量存在重要的影响作用。在法律没有明确规定的领域中，会计人员基于自身能力和性格会选择不同的会计政策，而不同的选择容易导致不同的决策结果。这时，只有具备良好职业道德，才能够不被个人利益所蒙蔽，坚持专业客观，保障会计资料的真实性。否则，如果缺乏职业道德，就容易利欲熏心，或者屈服于权势等，作出违背专业的造假舞弊行为，提供一些虚假信息，从而对投资者权益和公司会计信息整体质量产生不利影响。企业管理者的管理风格对企业会计信息质量存在一定的影响作用。从企业文化看，企业文化是企业发展建设的软实力基础，而企业管理者具有怎样的经营风格，直接影响着企业管理模式，也影响着企业会计信息质量。如果一个企业的管理者比较具备进取精神，他就会更加能够承担冒险经营的相关风险，具备更加良好的心理素质。这样的企业管理者能够接受等级比较高的经营风险，但通常在谨慎性方面略显不足，容易出现对风险的低估或者忽略，对收益的高估等现象。但如果是保守派的企业管理者，他们往往不能承担风险，在公司决策方面尽显谨慎，这两种截然不同的态度就会影响企业会计信息的整体质量。另外，企业管理层是否重视会计信息质量也是一个重要因素。不同的企业对财务报告和会计信息质量的重视程度不同，这就必然会导致企业在进行会计信息处理和会计政策选择时也会有不同的经营行为。并且企业员工文化程度也影响着会计信息整体质量，原因是企业员工普遍文化程度偏低，受管理者引导的可能性就加深，对会计信息的可靠性存在一定的影响作用。企业员工的诚信和价值观、道德观等对会计信息质量存在影响作用。决策者的价值观对交易活动具有决定作用，决策者基于自身的价值观情况对经济活动作出相关决策。道德观对人们行为的影响作用，在人们的思想中，道德意识也能影响决策者对经济行为的各项决策。会计岗位工作人员需要对公司会计信息进行规范披露，而他们作为会计信息披露行为的执行者，他们的薪酬和晋升机会等都依靠企业管理者决定，员工想要维持平等的雇佣关系，不被企业解雇或者遭到排挤等，就必须听从管理者命令。因此，企业员工由于缺乏足够的独立权和自主权，企业管理者的道德意识和诚实观念就对企业整体会计信息质量起到了更重要的作用。在信息经济学和西方经济学的契约理论中，企业的所有者和管理者呈现此消彼长的关系。尤其是在委托代理经营模式下，企业的所有者和管理者并不具备对称的信息，他们想要实现自身效益的最大化，就容易产生对会计信息进行虚假漏报的想法。由于这种信息结构的不对称性，加强在公司中所有权和管理权的分离，导致企业的所有者在选择管理者的过程中面临一些困扰，在企业经营情况不佳的现实下，管理者为了个人利益指使会计人员瞒报、漏报企业会计信息，粉饰财务报表，对企业会计质量产生负面影响，也威胁到企业的正常运行。

（4）人力资源对会计信息质量的影响。企业的人力资源政策对会计信息质量存在影响力，从企业内控规范中人力资源政策的相关内容可得，企业内部控制的各项环节都与人力资源管理息息相关。员工聘任方面，企业招聘会计人员时，需要从应聘者的学历、工作经验、职业道德等多个方面进行考察，从而全面了解应聘者的胜任能力，如果企业会计人员能够胜任岗位，即使不具备其他控制措施，也能实现高效率高水准的工作，在个人素质的影响下，能够编制真实的财务报表，按照规范的会计信息披露流程对外公开企业财务信息。企业的人力资源政策对员工素质和工作热情具有重要影响，继而影响员工在工作中的具体表现。当企业缺乏具有激励性的人力资源政策时，对员工素质的提升就不具备积极作用，在这样的企业氛围下，员工的工作就容易出现因缺少必备的业务素质或者职业道德而发生的一系列行为，不利于企业管理，也不利于企业生存发展。只有企业建立起科学的人力资源政策，才能够有效提升内部控制和管理的质量，使企业内部得以有序运行，也能够保障会计监督职能的实施。在人力资源政策影响下，会计监督效果得到提升，能够促进企业会计信息质量的整体提升。企业管理者的能力结构和个人素质影响着企业关于人力资源政策的选择，也影响着企业会计信息的质量。在企业中，员工的薪酬、考核等事项都在管理者的授意下进行，如果企业管理者能够具备较高的管理素质和个人能力，就能够做到从员工角度出发，从企业实际出发，不断优化企业制度中的激励政策，有效提升员工在工作过程中的积极性和在企业中的归属感。只有企业员工对工作和企业具备较高的满意度，才能培育对企业的忠诚度，建立服务意识，实现企业内部管理的优化。管理者在对企业的经营管理工作中体现的个人素质也对企业员工工作方式和相关态度存在影响，具体到会计岗位，会计人员的工作方式也受到企业管理者的影响，能够有效减少徇私舞弊现象的发生，端正工作客观性和专业性。但如果企业管理者没有较高的管理素质，比较缺乏个人能力，就会影响企业的经营管理秩序。如果企业管理者不具备端正的工作态度和良好的职业品德，也会对会计人员的工作行为产生直接影响，甚至企业管理者可能会要求会计人员进行造假，损害企业利益相关者的权益。企业会计人员的人力资源政策对企业会计信息质量存在一定的影响作用。会计人员的专业水平和职业素养影响着企业的会计信息质量，而企业的人力资源政策又对会计人员的职业素质存在影响作用。从岗位内容看，企业会计人员作为责任人，直接参与会计工作，执行有关会计处理的相关任务。作为直接执行者，企业的会计信息质量与会计人员专业水平和职业素养息息相关。只有具备了成熟的职业素质，才能提供客观、及时的财务报告数据。企业必须重视会计人员职业素质和专业能力的培养，才能够从根本上提升企业会计信息质量。对于会计人员而言，职业素质是职业能力的基础，一个合格的会计人员需要对会计事项中的各个环节进行判断和执行，能够精准进行计量和记录，出具准确及时的财务报告。除对会计制度之内的各项事项进行判断之外，在会计准则不涉及的领域，也需要对识别难度大的事项进行判断，例如固定资产折旧、确认坏账损失、计提坏账准备等，这些都需要进行相对准确的会计估计，才能够提供更加能够代表企业经营成果和财务状况的会计报告。从这个角度看，在会计产品中，存在一定的主观判断因素，依照不同的会计准则，不同的会计人员在不同的知识结构和专业能力及主观要素影响下，可能会产生不同的结论[①]。

（5）内部审计对会计信息质量的影响。内部审计是企业内部控制的重要环节，也是企业管理的重要形式。内部审计是对企业内部控制的再控制，通过内部审计制度，能够及时对企业内部控制情况进行自查，能够对企业内部经济活动记录进行合理评价。在内部审计政策下，企业可以将权力交给内部审计部门，使用一些系统化的方法对经营过程进行自我审查，对经营过程中存在的不当行为予以及时检查纠正，为企业会计信息质量的提升创造条件。内部审计质量事关企业内部控制的整体质量，如果内部审计质量不佳，就不利于企业会计信息的整体质量的提升。提升对于内部审计重要性正确认识，保障企业内部审计工作的顺利开展，对企业运行中各项经济活动进行真实记录，提升企业内部运行的有效性。从内审组织的性质看，要想内部审计正常发挥功能，就必须尊重内部审计的独立性和客观性，使内部审计部门人员能够对企业相关会计行为进行监督，对不合理事项进行检查和指正。要保障内审的独立性和客观性，就必须避免内部审计和督查过程受到来自外界的干扰。如果无法保障内部审计人

---

① 赵莉. 浅谈税务会计师在企业发展中的重要作用 [J]. 现代经济信息，2015 (3)：197–198.

在工作中的独立性，就容易产生不合理的内部审计结构，从而对企业内部审计的有效性造成消极影响，容易出现会计舞弊现象。可以说当企业内审机构功能不完善时，就无法发挥对企业会计工作的审计监督作用，就可能导致财务造假现象的产生，使企业会计信息质量遭受不利影响。目前许多企业对于内部审计工作还没有给予足够认识，认为审计工作费时费力，还不具备良好的效果，这是对于审计工作的偏见。也正是由于这些偏见，使企业中审计工作不能顺利完成。从大量实践经验可以看出，内部审计是企业运行的重要助力，是企业内部控制监督的重要环节。通过合理的内部审计工作，能够使企业内部控制各项制度有序运行，能够及时发现企业运营过程中的各项不足，提升企业会计信息的整体质量，优化企业财务管理成效。此外，企业内部审计工作的开展需要配备专业的内部审计专员，在我国许多企业还没有设立独立审计部门，虽然意识到内部审计的重要性，但由于各种原因，让财务人员担任审计工作，以一岗多职的形式开展审计工作。并且，大多数企业还没有建立完善的审计制度，这就容易使审计工作缺少规范性，这些现状不利于发挥内部审计对于企业内控质量提升的积极作用，也影响了财务管理有效性的提升，对企业会计信息的整体质量产生不利影响。企业建立起内部审计的规范制度，就能够保障财务信息在企业沟通系统中的高效传递，能够有效提升企业财务管理质量，有助于实现企业的财务目标，并通过相关财务报表及时识别潜在风险，保障企业的正常运行和发展。在审计过程中，要积极审查财务资料的可靠性，授权审批的规范性，从而有效提升企业会计信息的整体质量，提升经营管理的效率。企业内部审计是保障企业内外部经营管理有序运行的重要手段。在企业的有效内审措施及合理的内审机构设置下，企业财务管理各项数据及会计信息得以进行及时审查，有利于提升会计信息真实性。根据当前企业内部控制规章中关于内部审计的有关规定可以看出，企业内审部门的主要工作职能是监督，主要监督对象是企业的日常经营活动。具体到会计信息质量层面，可以强化企业内部各项制度的有效性和执行效果。例如在企业发展过程中对固定资产进行内部盘点时，将定期和不定期的各类固定资产进行盘点，能够有效避免忠诚度低的员工容易存在的一些不当行为，保障资产账面价值的可靠性，帮助企业管理者能够掌握企业的实际情况。当前，市场上大多数企业重视优化内部控制效果，从事前监督的角度阻止财务舞弊现象的发生，此举有助于提升会计信息整体质量。当企业建立起完善的内部审计制度时，对会计工作的各项流程和工作标准就会配备标准操作

（SOP）说明，能够有效提升会计工作的规范性，优化企业的会计信息质量①。

4.1.3　基于内部控制的会计信息质量提升路径

（1）优化企业人力资源管理。第一，提升企业人力资源管理重视度。企业内部环境的建设需要以具备员工基本技能和专业能力为基础，在专业的技能基础上，企业才能够采用先进的管理理念和方法开展相关工作，人力资源政策就是实现员工专业技能水平提升的重要手段。要保障企业内部控制和管理质量，就需要具备科学合理的人力资源政策，这就是企业发展对于企业人力资源管理成效方面提出的基本要求。要进行优良的人力资源管理，使企业员工能够具有科学的管理观念，在工作中能够使用先进的管理技术和方法，借助专业的技能水平开展工作，推动企业内部环境建设工作。企业建立了完善的人力资源管理制度，就有利于有效进行内部管理和控制，加快内部控制环境的建设。为此，企业应当不断提升对人力资源管理的重视程度，优化企业人力资源管理秩序。实行企业员工公开招聘、竞争上岗的原则，知人善任，以便保障员工在各个岗位上发挥最大效能。重视员工入职后的专业技能提升，通过提供多元化的培训活动，提升员工的业务素质，并且在此过程中逐渐进行企业核心价值观的培育。引进业绩评价机制，通过激励和惩罚机制，对员工的工作成果进行有效评价，并且对于优秀员工及时给予肯定，树立榜样力量。如果员工存在业绩不佳的情况，予以惩罚或者调岗等。第二，加大关于管理者人力资源管理有效性。要加大关于管理者人力资源管理的有效性的相关措施，积极筹措建立经理人市场。经理人市场是企业克服行政任命缺陷的重要手段，在企业运行过程中，管理者在执行内部控制时发挥重要作用，但如果通过行政任命管理者则存在一些缺陷，因此，可以考虑建立规范的经理人市场。为此，需要加快转变传统观念，正确理解经理人的重要作用，并且加快推进干部任免机制改革，不能由党政领导直接任命，而是通过经理人市场进行选拔。为此，需要建立经理人市场管理机制，改变终身制人事政策，加快后备人才的培育，推动企业发展。并且，还要加快管理者激励机制改革，打破收入分配制度限制，提升管理人员的薪酬。可以通过股权激励等方式建立管理者的责任意识，建立共同利益，激励管理者发挥自身才能，投身企业建设。股权激励方式能够使得管理者将个人

---

① 黄君毅 . 财务共享服务中心对财务管理转型的价值探讨［J］. 农村经济与科技，2020，31（16）：103 – 104.

利益和公司利益联系起来，更加有助于激发管理者工作的主观能动性，提升企业内部运行效率。第三，提升会计人员人力资源管理效果。要提升会计人员人力资源管理的效果，规范会计人员招聘工作，并为会计人员提供入职后培训机会。在会计人员招聘过程中，人力资源部门应当对应聘者开展科学评价，评价的内容不仅包括应聘者的知识结构和工作经验，还应包括会计人员的道德品质等方面。具体到招聘过程中，可以采用对求职资料进行评价、询问之前工作单位的情况等多个维度了解应聘者的综合素质，尤其是对于以往的渎职情况要进行着重调查。要为会计人员提供继续学习的机会。会计行业市场变化迅速，传统的会计工作模式已经不能适应时代发展，因此，为避免企业会计人员的专业能力落后于时代发展，企业还需要不断为会计人员提供继续学习的机会，从业务能力培养和职业道德品质提升等方面对会计人员进行培训。通过合理的培训学习机会，使会计人员能够建立较为完善的职业道德品质和职业能力框架，使他们能够遵纪守法、廉洁自律，建立诚实客观的工作态度和职业道德观念，并建立严格的专业能力，德才兼备。积极完善会计人员考核管理机制，合理引入会计工作岗位轮换制，将竞争上岗、一人多岗的思想运用到企业财务管理过程中，进一步净化企业财务环境，提升会计人力资源管理效果和企业会计信息的整体质量。

（2）完善公司治理结构。第一，加快推进公司股权结构优化。为实现公司治理质量提升，完善公司的治理结构，公司股权结构的优化是重要手段。在我国，会计信息质量受到来自高度集中的股权结构的负面影响，当前，必须不断降低国有股比例，加快推动公司股权结构的优化进程，并且还要不断发展机构投资者，进一步夯实股权优化的基础。需要制定科学的国有股减持计划，不断调整国有股和流通股之间的比重，改变一股独大的现象，从而有助于实现企业股权结构的多元化，也能够遏制内部人控制现象。通过国有股减持计划，能够保障股东参与股东大会，实现对公司管理层的监督。为顺利施行国有股减持，上市公司要借助可转换债券等金融工具，提升流通股比例，实现公司股权结构的优化，从而实现企业资源的合理配置。积极发展机构投资者，避免股权高度集中，提升企业运营效率。将一些小股东的资本进行集中，从而实现小股东合法权益的保护。在国家政策的推动下，我国养老基金、证券投资基金等机构投资者得以迅速发展，但目前关于机构投资者的各项机制尚未完善，因此我国机构投资者在公司治理结构优化方面的作用还未得到完全体现。为此，还要不断完善相关法规政策，鼓励机构投资者进入市场，优化股权比例，实现企业会计信息整体质量的有效提升。第二，不断完善公司董事会组织。要提升会计信息整体质量，就要不断完善公司的董事会组织，推进独立董事制度的建设进程。独立董事制度是在企业改革和企业治理结构优化方面的重要措施，也是具有法律地位的中小股东权益保护的重要手段，在保障企业运行和提升企业会计信息质量方面，独立董事制度具有重要作用。但当前我国独立董事制度还有待完善。坚持独立董事聘任制度的不断优化，尊重中小股东在股东大会中的合法权益。在提名独立董事时，需要将所有符合要求的被提名人进行提交，使得中小股东能够正确行使提名权。在公正公平的原则下，进行合法聘任，避免内部人和其他大股东对独立董事聘任进行舞弊。另外，要保障独立董事任职条件的有效性，从独立性和业务能力等方面都应当作出严格规定，确保独立董事能够履行相关职能。坚持董事长和总经理职位分离的原则，为财务报告的客观性提供保障。完善审计委员会组织，强化审计功能，并且有效发挥监督职能。要选定相关独立董事组成审计委员会，配备会计人士主持审计工作，并保证各部门能够积极配合审计。审计委员会直接对公司董事会负责，向董事会提出关于审计结果的相关评价报告和议案。第三，不断健全公司监事会功能。为实现会计信息质量的有效提升，要不断健全公司监事会功能，加强企业的监事会建设。在企业制度保障下，监事会能够有效行使权力，实现对公司董事会等部门的有效监督，并且及时检查公司财务情况。从人员构成上看，公司监事会需要由股东大会选出，并且需要具备一定的独立性，避免因监事会成员经济利益与管理层存在交集而产生的帮助舞弊现象。或者说，监事会成员的劳动报酬等相关事宜应当通过股东大会决定，而不是董事会或者管理层来决定。明确监事会权责，使监事会能够参与外部审计机构的选择，以及内部审计人员的聘用，监事会成员结构必须清晰，尽力降低其中的内部人比重，避免内部人对监事会进行控制。监事会成员不需从事财务岗位，可以从银行、小股东、外部审计机关和公司职工中选拔合适人才组成监事会，并且要积极开展监事会成员专业技能教育，使其具备相应的法律、会计和财务管理、公司审计等方面的基本素质和专业能力。

（3）构建企业文化。第一，提升对于企业文化构建的重视度。企业文化构建能够有效提升企业核心竞争力，良好的企业文化需要较长的时间来进行培育，才能够形成健康积极的企业核心价值观，引导企业员工的工作和行为。要优化企业会计信息整体质量，就必须提升对于企业文化构建的重视程度，并根据外部环境的变化，及时调整企业文化的内容，使企业文化始终充满活力，始终处于不断成长和进步的状态。在这个过程中，企业领导应当发挥带头作用，全体员工都应当认识到企业文化的重要意义，在企业文化的影响下，脚踏实地地贡献力量。要加强员工思想道德和职业品德的建设工作，培养员工建立正确的价值观和敬业意识。思想道德体现了每个员工的个人价值观，员工具备正直的品行，在工作中就会做到爱岗敬业，具体到实际的工作过程中，就对企业会计信息整体质量的提升起到积极作用。第二，以人为本打造浓厚的企业文化氛围。人是在企业内部控制中最重要的角色，企业的管理必须要做到以人为中心，才能实现企业的健康运行。为此，企业要建设浓厚的企业文化氛围，实现企业核心价值观的熏陶，引导员工以企业价值观为核心，建立共识，将企业发展目标深化到每一位员工的心中，以企业发展为己任，端正工作态度，建立主人翁意识和责任意识。企业价值观能激发企业员工的工作热情，增强企业员工群体的凝聚力，有助于提升员工工作热情和积极性。在企业价值观影响下，员工可以树立个人发展目标，不断发现工作中的各项不足，加强沟通和交流，优化人力资源结构，助力企业文化软实力的提升，对整个企业制度的完善起到积极作用。为此，企业领导者要将企业精神作为宣导核心，带领员工建立主人翁意识，共建企业核心价值观，实现员工凝聚力的提升。在企业核心价值观的引领下，企业员工积极开展交流，以便及时发现工作中的各项不足。此外，企业文化氛围还要依靠企业文化制度来实现，通过各种可操作性的企业规范，才能实现企业文化氛围的成功塑造。从会计岗位上看，会计工作需要具备规范性和严谨性，因此企业的会计岗位需要配备完善的规范性文件，并且注意对于各项规范操作流程进行不断完善，实现企业工作效率的整体优化。每一项会计行为的完成都需要具有可操作性的标准程序，这样才能够保障财务管理工作的有序进行，实现会计信息质量的有效提升，实现企业的有序发展。第三，明确企业领导层在企业文化构建过程中的重要作用。在企业文化构建过程中，领导发挥着重要作用，承担着企业文化建设的重要任务。优秀的领导创办成功的企业，构建优秀的企业文化。企业领导层在企业结构中的核心地位决定着领导者对企业发展承担着更加重要的责任。在我国很多企业的企业文化中，大多数都是直接来自企业家的思想。在企业文化构建过程中，必须明确领导层的重要作用，具备企业家在道德品质和创新精神方面的重要素质。企业的领导者能够夯实企业核心价值观的塑造基础，领导层必须具有正确的价值取向，才能实现对企业价值观取向的方向确认。要从领导层出发，重视企业文化建设，从领导者层面为企业文化建设提供基础动力和保障，才能实现企业的健康发展。

（4）优化信息沟通系统。第一，企业的顺利运行是多部门共同协作的结果，在企业运行的过程中，各个部门需要进行沟通和交流。信息和沟通是企业内部控制的重要桥梁，而企业内部要想实现信息的畅通必须要建立完善的信息沟通系统。为此，需要不断优化和规范信息沟通系统，帮助各部门实现信息的高效率沟通。可以以非定期的会议和线上邮件等形式开展交流，也可以进行部门间面谈等，但在信息沟通系统中应当建立沟通反馈，对于沟通的方式和具体内容要出具具体的改进策略。通过各部门群策群力，有效提升企业内部财务管理有效性，加快财务信息的共享，帮助企业在财务决策方面提供更多依据，保障会计信息整体质量的不断提升。通过优化审计部门结构，建立专门审计部门，不断加强企业审计部门工作人员的专业能力，对企业运行活动进行监督。在完善的内部监督制度下，企业会计流程得以规范运行，从而为企业会计资料的客观性提供保障，提升企业财务会计信息的可靠性，形成良性工作循环。在企业信息沟通系统下，各部门能够开展交流，并且规范信息交流的途径，为管理者提供决策依据和信息支撑。第二，企业内部信息的通畅是提升信息共享度、提升企业财务管理效果和会计信息质量的重要保障。为此，必须提升企业内部信息通畅性，保障企业各部门之间能够实现信息的高效沟通。在企业进行内部控制和管理优化的过程中，对信息进行管理时需要注意信息的时效性，确保企业内部的信息沟通能够以精简性和时效性作为基础，减少交流过程中可能出现的不必要环节和一些冗杂的内容。加强沟通的双向性，建立有效的信息反馈机制，使各项信息都能够被有效接收和反馈。当信息沟通系统发生故障时，就会使信息的时效性受损，从而影响企业整体会计信息质量。不断优化企业的信息沟通系统，从而保障各部门在信息沟通系统的帮助下实现信息的高效沟通，避免信息交流过程中产生失真现象，提升企业运作的效率。第三，优化信息沟通系统，还需要加强对于信息系统的安全防范措施。当前，在计算机技术的全面运用下，互联网、大数据技术得以迅速发展，传统的单机信息系统已经不能适应时代发展的需要，信息传播方式已经不同以往。为此，对会计信息系统而言，内部控制流程向科学化和规范化发展，但由于信息技术的发展，企业的各类信息非常容易被泄露。尤其是在信息沟通的过程中，存在一定网络病毒侵入风险，如果企业内部控制人员没有及时识别这些风险，就容易使企业内部会计资料被泄露，并且也影响了企业信息沟通系统的正常使用，造成财务工作无法开展。另外，对企业会计信息系统的用户授权制度还需要进一步发展。在传统企业机制下，多采用层级授权方法展开对企业会计信息系统的授权，通过逐级审批来进行信息传递，保障信息安全性。当某份会计文件需要提交时，会层层报批，获取批准后转向下一层级，这就导致在传递过程中，有可能出现传递错误或者泄露问题。对企业会计信息系统安全造成一定威胁，因此，要加快企业层级授权向密码指令等新型模式的转变，提升会计信息系统的安全性。

（5）强化企业风险管理。第一，建立危机意识和风险防范意识，加强对危机的识别能力。企业的运行过程中可能面临方方面面的风险，这些风险会对企业生产经营秩序存在威胁，严重的话还会使企业无法维持正常经营秩序，濒临破产等。为此，必须正视风险，提升风险意识。全体员工都应当及时建立危机意识和风险防范意识。在对公司员工进行风险教育的过程中，需要注意将相应的理论和实践相结合，从过去的风险事件中总结经验，吸取教训。加强企业员工对于危机的识别能力，向企业员工进行风险意识方面的教育培训，使员工意识到风险管控的重要性，建立企业发展的自我责任感。对企业面临的风险要素进行识别和判断，按照公司的风险预案及时反映，实现风险的有效管控。构建风险责任制度框架，为员工提供培训和交流的机会，加快构建员工的风险防范意识，提升企业的风险管理能力，加强对危机的识别能力。第二，提升风险管控全面性。在面临相应风险时，企业需要快速展开分析，建立有效的风险管控体系，有效帮助公司进行风险预判，为管理者提供决策依据。要将企业当前环境作为重要分析因素，根据实际情况，从内部和外部两个角度对当前风险展开全面分析，提升风险管控的全面性，预判风险可能对企业生产经营活动造成的可能影响。在有效的控制机制下，实现风险管控的根本目的，提升风险识别能力和风险管控相关措施的有效性。风险管控不仅包括危机的类别和管理计划，还需要分析历史数据和鉴别因素等。通过对风险影响程度的预测，可以有效降低风险可能产生的消极影响，通过企业的预案抵御风险。在对危机进行分析时，将频率的高低、损失额的大小都列入分析要素，综合进行风险评估，从直接层面和间接层面都要进行损失分析，加强危机分析的全面性，降低风险对企业可能产生的不利影响。第三，完善应急预案，提升风险抵御能力。企业须制定应急预案，在危机发生的第一时间启动预案发挥应急作用，保障企业的有序运行。由此看来，企业编制风险预案时，须细分风险类型，进行预案行动分解，提升预案计划的可操作性，实现风险防范。在危机发生时，应制定包括回避、减弱、转化等多方面计划，积极考量防范措施，提升风险预案有效性，实现风险的成功规避和应对，为企业发展保驾护航。要实现整体目标的有效传达，企业员工应充分理解企业风险管控的目标，并根据具体岗位提交目标反馈，在企业运行的每个环节都可以设定具体的分级目标，共同组成风险预案，这些分级目标需要设置具体的行动及计划，包括计划内容及完成时间等。根据分级目标情况，企业管理层可以进行统筹规划，完成分级目标的逐个实现。在管理层统筹下，各分级目标能够获取相应的资金和政策支持，在管理层的计划下顺利完成预案目标。建立风险监测系统，提升风险抵御能力，将一些不利因素进行提前识别和处理，实现早发现、早处理、早安定，避免不确定风险对企业管理组织体系产生的不利影响。

（6）加强内部审计。第一，充分发挥内部审计作用。借助内部审计对企业经营活动进行即时评价，检查企业运行中各流程是否严格遵循规定，是否实现资源的有效利用。对于企业而言，内部审计具有重要作用，既可以帮助管理者进行决策管理，也可以实现公司内部控制执行的监督。内部审计与外部审计不同，它专门服务于企业内部，以提升企业组织机构效率为目标。有效的内部审计能够帮助企业做好风险管理，保障内部管理控制的有序运行。通过对企业内部各运行流程的全面评价，能够及时发现不足并提出改进意见，保障组织有效性，从内部审计方面为企业创造价值。对公司治理层面而言，通过有效发挥内部审计的作用，可以检查公司政策与法律的适应度，审查相关诉讼文件，还可以提供员工管理及处理利益冲突的相关程序，在内部审计帮助下，能够为管理层和员工群体之间建立有效的沟通渠道。对公司控制层面而言，内部审计对会计处理流程和审批结果进行评价和复核，可以确保公司报告中预估有效性在合理范围内，还可以评估财务报告中的有关假设，实现对公司内部控制质量和运行情况的全面分析。对公司财务报告层面而言，内部审计部门通过与外部审计的沟通，将会计政策和会计信息进行分享，有助于完成对企业财务报告的审查，有助于提升财务报告真实性，实现企业会计信息质量的整体优化。第二，加强内部审计有效性，不断完善内审部门功能。加强内部审计有效性，不断完善内审部门功能，能够有效提升企业内部监控成效。在有效的内部审计措施下，企业能够实现内部控制质量的优化。为此，就需要优化内审机构的设置，不断完善内审部门的功能，保障内部审计能够在独立性和客观性的基础上进行。要关注企业内部审计部门的设置情况，检查审计程序和步骤。在审计部门归属方面，可以考虑将内部审计部门归属董事会进行管理，从而最大程度保障审计部门能够正常发挥监督功能，确保企业内部审计的有效性。在审计部门的组成人员任命方面，不能由企业经营管理部门经理担任审计部门任何职责，要保证审计部门功能独立。通过各项措施保障企业内部审计部门在调查评价时的客观性，能够对企业运行的各项过程提出规范性建议，提升经营管理的整体质量。为内部审计创造一个良好的环境，实现内审工作的规范运行。对于企业各部门经理和相关管理人员应当建立正确认识，明确内部审计对于企业运行的积极作用，意识到加强审计工作的必要性，在内部审计过程中予以积极配合。另外，企业管理层人员也要积极加强自身约束，对相关法律法规进行学习，鼓励和支持企业内审工作，确保内审部门工作人员能够顺利完成审计工作，实现企业经营管理质量的整体提升。第三，提升内审人员的工作能力。要不断提升企业内审人员的工作能力，并积极扩大内审部门职能范围，提升企业内部审计的全面性。改变以事后审计为主的结构，向事前审计和事中审计逐渐过渡，将内部审计工作和企业运行风险管控进行有机结合，实现企业内控环境的优化。在人员选拔方面，需要选择具有丰富工作经验的审计人员进行审计工作，并且对选拔人员的职业素质和道德品质进行考察，从人员配置方面改善审计质量。为审计部门员工提供丰富的培训，帮助他们接受来自市场的最新审计原则和相关政策，引导员工建立关于内审职能部门职责及相关工作内容的认识，不断实现企业财务报告质量的提升和会计信息质量水平的优化，保障内审部门的独立性和权威性。

4.2　企业战略

企业战略是企业根据自身发展情况和愿景提出的整体规划，是由上而下进行的关于企业竞争、营销和品牌建设、人力资源等多种内容的战略选择。从具体领域来看，企业战略涵盖了人力资源、企业发展、企业技术水平等多个方面。企业战略是企业管理者管理能力以及对内部及外部信息的汇总能力等。企业战略的实施目的在于保障企业长期稳定发展，解决企业运行中产生的问题以及一些潜在问题和威胁。合理的企业战略能够帮助企业实现稳定发展，规避市场风险。企业战略都是立足于企业的整体性发展，旨在解决企业发展建设过程中存在的基本问题，但由于不同的外部环境和企业自身实际因素，不同企业选择的企业战略也存在差异性。企业出于自身实际情况的考虑以及所面临的外部因素，可以在稳定型战略、差异化战略、集中化战略、成本领先战略、并购战略等几大类战略中选择合适的企业战略。

企业建成并不断发展是一个长期的过程，在这个过程中，企业战略的确定会受到各种因素的影响。一个成功企业的建设发展离不开科学的企业战略，因此，企业战略的制定对企业发展具有决定性作用，任何企业都不会掉以轻心。在企业战略制定过程中，企业的管理者和领导者会对企业发展实际，建设历史和对未来市场趋势进行准确评估和预判，综合考虑各项因素，最终完成企业战略的制定，并在之后的企业发展过程中不断对企业战略发展方向进行调整，使企业战略目标始终保持与市场发展方向的一致性。如果负责制定企业战略的相关人员对企业的会计信息获取不足，或者了解不充分，就会对企业战略制定的准确性产生影响。以下几个要素都对企业战略的制定存在不同的影响作用，在企业战略选择和实施的过程中需要进行优先考虑。首先是企业愿景。企业战略的制定需要对企业愿景进行合理定位，企业需要具有科学可行的长远性发展规划，包括企业使命和核心价值观等重要内容。如果企业没有科学可行的长远性发展规划，缺乏明确的企业使命和核心价值观，势必影响企业的发展。其次是企业所处的外部环境，企业面临不同的外部环境，一般环境指的是政治大环境和经济大环境，以及社会环境和科技环境等，例如国际关系、政企格局、经济制度、消费水平、人口结构、技术水平和生活方式等，而其他环境则可以表现在市场、竞争对手、客户、供应商等要素方面，各个要素对不同企业存在着不同的影响作用。每家企业面临的外部环境都不相同，在这样的背景下，企业选择企业战略时就需要考虑不同的因素。当企业面临不同的地域政策或者产业行业环境时，也会作出不同的企业战略决定。最后是企业内部建设发展实际，包括企业人力资源情况、经济能力和技术水平等方面。企业内部的建设发展实际也影响着企业战略的制定，例如企业员工的素质、管理层的管理水平、财务管理质量等。当企业员工缺乏专业能力和技能水平、管理层缺少管理经验和相关管理能力、财务管理质量不佳时，就容易产生失真的会计信息，无法对企业战略制定提供依据。企业人员素质情况、薪酬体系和企业文化等，都是能够影响企业战略制定的重要因素。企业内部建设发展的几个要素与企业的市场定位紧密相连，是企业在发展过程中进行方向拟定和发展计划讨论的重要参考内容。

4.2.1　会计信息在企业战略制定过程中的作用

（1）会计信息能够为企业投资者提供可靠的决策依据。随着经济发展速度的日渐加速，经济市场运行面临着许多不确定因素，在激烈的市场竞争中，许多企业还在艰难前行。在企业运行过程中，管理者需要掌握企业运行的具体情况，因此企业的盈利、负债及资金情况都需要通过具体的量化数据加以体现，这些数据组成了企业的财务报告，反映了企业的实际生产运营情况。管理者通过财务报告中对各项数据的分析，可以正确进行企业决策。企业战略的选择和制定不仅依靠决策者，投资者也是企业战略选择和制定的主体。在市场环境不断发展的社会背景下，企业之间就客户、人才、资金等资源展开激烈的市场竞争，企业想要提升市场份额，扩大生产规模，就必须建立稳定的资金链条，保障资金供应。企业在自身资金有限的情况下，必须进行外部招商投资，开辟更多资金来源，缓解企业自身的资金压力，寻找有实力的投资者。对于会计信息需求者而言，会计信息价值十分重要，而由于会计信息需求者的具体需求不同，针对不同的需求者，会计信息存在不同的价值。因此，对会计信息的筛选就起到重要作用。在会计信息的筛选过程中，相关性和可靠性是重要的筛选因素。相关性能够引导信息需求者快速定位企业经营发展情况作出预测，可靠性则指的是会计信息数据本身是否真实。从企业发展的角度来看，企业在资金周转能力方面的表现，与销售能力和运营能力等都息息相关，将这些指标进行合理量化，能够体现企业生存运行的真实情况，并为企业决策提供重要依据。在这个前提下，企业会计信息对企业战略制定的重要意义不言而喻。企业的会计信息价值相关性反映了企业投资者对企业发展情况的有效评估，帮助决策者进行正确决策，并得到关于企业预测相关性的信息，预测相关性又能够进行对会计数据的评价，实现会计信息的有效分析。不管是企业债权人还是股东，都需要获取真实的会计信息，并保障会计信息的时效性，从而为自己的决策提供依据。通过分析过去的经营情况，企业投资者能够对企业的未来发展作出准确的盈利预判，从而进行更加科学的评估和投资决策，实现个人投资收益。

（2）有助于提升企业内部的管理水平。企业的内部管理水平事关企业战略实施效果，具备良好的内部管理质量，就能为企业战略的顺利实施创造条件。会计信息价值的相关性可以向管理者展示企业在生产和销售方面的相关能力，为企业管理者提供有价值的决策依据。会计信息具有准确性和时效性两个特征。将企业的运行情况和盈利能力等数据进行量化，结合市场最新政策和外部环境进行分析，能够以财务报表的形式为管理者提供决策依据，实时向管理者展示企业运行最新情况。企业会计信息就是对企业生产经营情况的系统展示，通过准确的数据帮助企业进行市场定位，也帮助企业的管理者能够进行与企业发展相关的决策制定。在获取会计信息之后，管理者能够及时发现在技术层面、营销策略层面存在的漏洞并进行整改，不断优化企业生产经营秩序。会计信息价值相关性的持续优化，对企业战略差异存在积极的引导作用，能够不断提升企业的盈利能力，为企业创造更加舒适的利润空间，能够有效实现企业的长远稳定发展。通过企业会计信息建设水平，能够有效引导内部控制数据处理能力的不断优化，并引发正确的企业战略决策。在新的历史发展时期，新的技术要素如雨后春笋，大数据、云计算、人工智能技术都在不断升级当中，企业要想实现快速发展，必须具备先进的技术优势，加速企业会计管理升级，加快企业会计发展和建设工作，适应时代发展为会计信息提供的变革机会。企业会计对财务数据的统计只能反映资金流转等情况的分析，并不能根据这些统计进行有效扩充，而且人工核算的成本及工作量也在逐渐增加。大数据背景下会计信息处理能有效促进企业发展，优化管理质量。企业要想实现长远稳定发展，必须建立科学的会计信息体系，保障会计信息的价值相关性，调整企业发展战略方向，提升决策正确性。企业会计信息具有全面性，不仅立足于企业角度，还可以将企业的生产情况、销售情况和运营能力等要素进行展现。在企业会计人员提供的会计信息基础上，企业管理者通过分析，能够及时掌握企业经营发展情况，及时发现一些潜在的问题，弥补企业生产环节、销售环节或者管理环节存在的一些漏洞，从而达到企业生产和管理质量的整体提升。企业的领导层可以根据会计信息预测结果，及时采取相关有效政策，优化企业管理质量，并不断提升企业内部管理能力，保障企业的有序发展。

（3）能够对企业资金状况进行有效的预测。对任何企业而言资金的稳定充足都是企业运行的重要保障，企业的资金状况和资金实力是企业发展的根本性要素。任何管理层或者决策者都需要了解企业的资金状况，并且通过对企业资金状况的分析开展企业管理工作。通过当前资金状况，可以对未来资金流向和计划进行有效预测和估计，帮助企业在制定企业战略时提供重要依据。在实际的工作中，企业决策者和投资者通过优化企业会计信息质量，保障企业的会计信息价值，对企业财务情况进行有效分析，并掌握关于企业当前的资金支付能力、负债情况等基本信息。在此基础上，企业管理层能够实现资金的有效利用和合理配置，提升资金的利用率，使资金使用效应可以达到最大化，精准掌控企业资金的流动方向。从传统的企业会计工作内容角度看，人工核算的工作量繁重，核算难度也较大。在传统会计核算过程中耗费了大量的时间和精力，还会导致工作效率的低下以及一些核算误差。随着信息化技术水平的不断提升，财务人员已经告别传统的工作方式。财务管理工作引入了一些先进技术，大大提升了企业会计人员的工作效率，也实现了财务管理成本的不断优化。通过计算机软件的应用，降低了财务数据分析工作中可能由于人工核算产生的误差，在减少误差的基础上，还优化了财务数据分析所需的时间，为会计周期缩短提供了可能。会计信息技术水平的不断提升使企业经济财务管理更加规范化，为企业内部管理秩序的优化提供了条件。在新的工作模式下，企业会计信息的需求者可以及时获得准确的会计信息，掌握企业资金情况，帮助其进行企业战略相关决策。

4.2.2　企业战略与会计信息价值相关性的关系

（1）企业战略影响会计信息价值相关性的表现。企业得以顺利发展离不开科学的企业战略的引导作用，而企业战略又对会计信息价值相关性存在一定的影响关系。企业战略和企业会计信息价值相关性存在密切的联系，有价值的会计信息能够帮助企业选择正确的企业战略，作出相关战略决策，而企业战略也会影响会计信息的价值相关性，通常表现在风险影响方面。首先，从企业战略内容看，如果企业选择了高风险的企业战略，就容易在企业运行和发展过程中产生各种风险，这些风险对企业正常生产经营秩序存在影响作用，甚至会危及企业的生存发展。在各种经营风险的影响下，使企业净利润出现了较大的波动。在高风险的企业战略影响下，由于各方面的原因，企业盈利能力不足，这时的会计信息准确性较弱，很难通过企业会计信息了解当前真实运营情况，作出企业决策等相关预测决定，也使企业会计信息价值相关性遭受弱化。在这个时期，企业发展的真实情况已经无法通过企业的净利润信息进行反映，并且企业利润表的价值相关性也已经大大降低。为此，企业投资者已经不能从利润表和净利润情况中获取企业发展的真实信息，而是需要从资产负债表中选取有效数据进行企业发展的相关预测和评估。其次，从信息风险的角度看，当企业选择了具有高风险的企业战略时，就会产生一些信息风险要素。当企业选择了与行业发展整体动态不相符的企业战略时，明显就会与其他竞争对手形成较大不同，在战略上也存在较大差异，使信息不对称的情况产生。这些现象就为投资者作出投资决定增加了难度，在企业之间战略存在较大差异的情况下，投资者很难判断这些战略的有效性，在对投资风险性的预估方面就会面临一些阻碍，难以作出投资决定。信息风险和经营风险都会不同程度地提升，这就可能造成企业融资成本的上升，对企业的整体发展产生不利影响。最后，从会计信息实时性和准确性的角度看，企业战略对会计信息也存在一定的影响。企业能够选择科学可行的企业战略，就对企业发展方向起到一定的保障作用。在企业战略的影响下，出于企业战略极端性质的影响，企业战略确立时必然会产生一些稳定性方面的波动，为企业带来一定的影响。在企业进行战略决策的过程中，一旦确定相关决策，就需要调动一部分资金为企业战略的制定和实施服务。这必然会影响企业资金的多元化应用，也会影响企业的发展建设步伐，继而造成投资者困扰，导致企业投资减少。企业战略也为企业发展带来了新的机遇，企业战略在企业利润方面造成的波动，能够对会计信息时效性产生一定影响，在这一特殊过程中，企业管理者需要积极进行调整，不能太过于关注会计信息的时效性，而是需要将目光放在加强决策适用性上。另外，由于企业战略的极端化特性，还会对会计信息的准确性产生一定的影响。主要体现在由于企业战略导致企业发展过程中的一些波动，这些波动为企业带来一些风险，但同时也伴有一些利润的机会。在企业发展过程中，如果企业战略方向发生偏移，就会使企业会计信息准确性下降，使企业管理者无法对企业战略进行正确选择和决策。企业是否能获取更多利润，企业战略能否合理发挥效用都无法确认。企业为获取更多投资，往往会走会计信息造假的路子，选择粉饰财务报表，提供虚假会计信息，也会使会计信息准确性降低。由此可见，企业战略会对会计信息价值相关性产生重大的影响作用，选择正确的企业战略，能够对会计信息价值相关性提供保障。

（2）会计信息价值相关性影响企业战略的相关表现分析。会计信息价值的相关性能帮助企业投资者和管理者更好地了解企业运行情况，对未来发展作出准确预测。缺少会计信息的价值相关性就会误导企业决策者作出错误的判断和决策，产生威胁企业发展的不利因素。在具备价值相关性的会计信息基础上，企业的经营情况和利润相关数据能够通过量化图形等形式展现出来，供信息需求者使用。通过这些具备价值相关性的会计信息，使用者能够更加清楚地了解企业经营现状，便于管理者及时调整企业发展方向，适应市场的最新变化，使企业发展始终跟随市场发展趋势的脚步，有助于实现企业利益的最大化。在这些会计信息的帮助下，投资者可以随时掌握企业运行发展的情况，并不断对企业战略进行调整和优化。在这个基础上，企业会计信息能够立足于企业发展实际，为决策者提供决策依据，保障决策正确性，服务于企业建设和升级。可以说，只有有价值的会计信息才能够代表企业的真实发展情况，帮助投资者了解企业经营能力，作出投资决定。管理者则可以通过会计信息的价值相关性，及时发现企业在建设发展中存在的各项不足，实现企业战略的实时调整和优化，实现企业的健康发展。必须保障会计信息的可靠性和客观性，才能为企业战略制定提供依据，有效发挥降低经营风险的重要作用。相反，如果企业运用失真的会计信息，就会干扰对企业发展运营情况的了解，导致作出错误的企业战略决策，使企业战略与企业真实发展情况相偏离。企业信息价值相关性对企业战略的影响体现在企业决策者能够接收高质量的会计信息，在会计信息的基础上进行整理和分析，及时改进不足。通过股东大会决议，可以对企业进行科学决策，保障企业的有序运行。在企业进行战略制定的过程中，管理者必须立足于企业发展的实际和对市场发展趋势的预估，进行全面综合的考量。不仅需要权衡企业当前发展情况，还需要考虑企业历史和对未来进行合理预测，作出正确战略决定。如果在企业战略制定的过程中，企业管理层并不了解企业的会计信息，就很容易作出与实际情况相悖的战略决定，造成企业战略的制定差异。一旦企业战略方向出现偏移，就会使企业核心价值观、企业发展目标发生严重偏移，为企业运转带来潜在的威胁。并且，由于外部环境的复杂性，企业受到来自市场、竞争对手、供应商等要素的多重影响，也对企业战略的制定存在一定作用。而从企业内部角度看，企业内部的普遍素质和管理能力水平也会影响企业战略的有效性，如果企业人员缺乏足够的专业能力和管理水平，就会使得会计信息的质量偏低，影响投资人对企业发展情况的了解，也对企业战略制定产生不利影响。企业信息价值相关性对企业战略的影响还体现在对未来经济活动和市场发展趋势的预测方面，通过有效的企业会计信息，管理者可以对企业未来的经济活动情况和市场发展趋势进行精准预判，立足于企业发展现状，不断调整企业战略发展方向，帮助企业进行管理优化和运营能力的不断升级，提升企业的核心竞争力。如果企业会计信息价值相关性变差，就会导致会计信息的失真现象，一旦这些失真的会计信息被披露，就会对投资者形成误导，影响投资者的投资决策，继而影响整个企业的市场竞争力[①]。

4.3　公司治理

4.3.1　公司治理与会计信息质量的关系

（1）股权结构与会计信息质量的关系。股权结构是公司治理结构的主要

---

① 许乐.会计信息质量影响因素分析［J］.商，2015（18）：159.

因素，其主要有两种结构方式：一种是均衡式股权构成，即在企业中的不同持股人群手中所持有的股票份额基本相同或相近；另一种是集中式股权结构，即企业大部分股票份额被几大股东占有，只有极小部分股额掌握在其他股东手中。目前，我国股权结构还未实现全面流通，而在政府要求下，非流通股权并不具备上市资格。随着股权结构的不断改革，加大了我国经济市场的流通股比例，改进了以往上市企业国家股持比过高的问题，使股权持有者缺位问题得到了有效解决。但是伴随市场环境变化，调整股权流通势必会对会计信息的质量造成影响。集中式股权代表着股东在企业中的占股比例。通常情况下，股东占有的股份比例越高，其对公司所有者的控制权以及支配权也就越大。股东拥有控制权与支配权，在一定程度上会影响企业控制结构的效率。股权结构在无法集中的情况下，将导致股东对公司所有者的监督效率低下，使其与管理层之间出现断层，严重影响会计信息的相互沟通和审阅，进而降低会计信息的质量，显著增加了管理层内部管控的风险。因此，在某些情况下股权高度集中意味着公司多个大股东所享有的控制权和支配权也会更大，具有有效压制管理层的能力和手段。虽然监督力度的增加可以在一定程度上改善信息质量，增加信息的可靠性，但同时也存在着一些弊端。由于会计信息生成需要通过管理部门，其信息的如实反映程度以及可靠性会受管理部门行为的制约作用产生变动，而经营行为又与股权掌控者的控制权与支配权相联系。首先，从经营角度出发，企业在发起一项经营活动前，要经过董事会、审计委员会以及各个企业高层管理部门等的逐层审核。而在这些关系中，董事会作为持股额最大的顶层组织，一旦行使股东表决权利，势必会对经营层的行为造成重大的影响[①]。其次，从经营监督角度出发，经营层作为企业运作的股东资产代理人，其负责的工作主要是为企业经营管理而负责，在遇到信息披露不一致的情况时，股东需要行使自身权利对经营行为实施监管。由于不同的持股比例使得经营层对经营欲望的判断不同，动机差异性高的股东对经营行为造成的影响也存在一定的制约作用。由此可见，在不同股权结构中，股东所拥有的控制权与支配权无论以何种方式行使，都会对信息质量产生显著的冲击，而信息质量则是经营层对信息使用者经营行为中实现量化运用的结果，因此，经营层次的差异行为趋向同样也会影响会计信息披露的质量[②]。

---

① 王晓晓. 基于上市公司治理结构的会计信息质量研究［D］. 武汉：湖北工业大学，2009.
② 王婷婷. 浅析公司治理对会计信息质量的影响［J］. 企业导报，2015（15）：57 – 58.

（2）董事会特征与会计信息质量的关系。企业在进行经济活动需要各层组织对业务的实际运行情况进行全面分析，实现对信息的有效整合。董事会以及经营管理层负责的管理领域并不相同，董事会主要负责决策控制，管理层负责决策管理，两者互依、共同治理，从而实现相互补充、相互促进的有机融合。在信息披露过程中，董事会特征的影响因素对会计信息质量产生影响，因此，董事会有必要通过借助可识别的会计信息，实现对公司的治理与监督。在董事会的有力监督下，能够使会计信息失真情况减少，从而使会计信息质量得以提高，董事会对会计信息的监管力度在很大程度上决定了管理层对于会计信息质量的影响，具体表现在以下几个方面：一是从独立性角度来看，董事会的独立性主要涵盖两个方面的因素，即独立董事与总经理两职分离。独立董事制度起源于美国，在20世纪中后期，美国各大公司的股权在国际上享有较高的市场份额，各大公司的股权结构开始发生变化，董事会对于经理层人员的控制与支配权逐渐淡化，使股权结构开始呈现分散趋势。为了使董事会职能作用得以发挥，美国立法机构创立了独立董事制度，要求上市公司必须成立专门的独立董事部门，以此来奠定董事会的权威地位。在美国实行独立董事制度后，使公司内部管理控制得以全面改善，于是我国也于2001年提出了有关上市公司成立独立董事会的部分建议与意见，并在规定中重点指出，需要加强对企业经理层人员的管理力度①。通常情况下，企业内部董事会成员不能参与总经理管理职位，如果单人同时担任两项职务，那么其在企业内部的权力与地位旁人基本无法撼动，很容易出现为满足私欲损害其他股东利益的行为。因此，董事长与总经理必须处于分离状态，才能发挥内控机制的作用，减少财务舞弊现象，提升会计信息的质量。二是从董事会规模角度来看，董事会规模的大小一直以来都是业界争论不休的问题。董事会规模的大小与其获取信息的能力有直接关系，规模越大可获取的资源就越多，更利于企业发展，而且随着董事会规模的不断壮大，能有更多的人力与精力对企业内部管理层进行深层监督，能够在一定程度上遏制财务舞弊现象。但部分学者就此观念持有相反意见，他们认为董事会规模大虽然能够在资源方面取得一定优势，但大规模的团队在讨论经营策略时难以做到意见统一，沟通与协调的难度也会大幅度增加，在人数众多的情况下，也容易出现浑水摸鱼"搭便车"的现象，这实际上并不能起到监督管理层的作用。三是从董事会激励理论角度来看，创设激励制度能够有效促进董

---

① 吴丹. 公司治理对会计信息质量影响的实证分析［D］. 南昌：江西财经大学，2012.

事会成员参与企业内部治理的积极性。要想使激励制度发挥出作用，制度的设立必须建立在维护董事会成员利益的基础上，通过均衡董事会成员的持股份额，可以有效缓解股东之间的利益矛盾，并减少大股东出于自身利益侵害小股东利益的行为现象。四是从董事会稳定性角度来看，稳定性与非稳定性关系在董事会中都存在一些弊端。监督方面的松懈会导致财务舞弊风险的上升，降低财务信息的可靠性。非稳定关系是指董事会成员出现频繁变更与调动现象。从公司治理角度来看，董事会成员的频繁调度会导致企业内部管控方面的断层，难以使工作进行有效对接。通过对稳定性与非稳定关系的分析与对比可以看出，董事会过于稳定或者非稳定都不利于企业健康发展，因此，董事会应该在稳定与非稳定关系中寻求一个适当的均衡点，通过制定解聘机制，严惩消极怠工行为，加强对董事会成员的约束力度，才能对会计信息质量提升起到保障作用①。

（3）监事会、审计委员会与会计信息质量的关系。监事会是企业内部设立的独立监管机构，在企业治理中主要发挥着制衡作用。监事会成员是由各组织机构根据自身的不同需求组成的监督组织，主要负责监督董事会以及经营管理层的日常行为。合理的监督制度可以减少因会计舞弊事件对信息质量的影响，从而使会计信息具有更高的使用价值。监事会具有双向监督的特质，一方面可以有效减少董事会成员行使私权侵害其他股东利益的行为，另一方面也能防止经营管理层越俎代庖损害企业及股东利益的现象发生。通常情况下监事会的规模越大，其在企业内部的监控力度也就越强，会计信息质量亦会越高。审计委员会作为董事会的下设机构，其主要用于协助董事会完成企业结构治理、内部控制与外部审计以及监督工作。审计委员会能够对管理层的盈余操纵行为起到制约作用，尤其是对有关数据和信息的可靠性要求较高。通过成立审计委员会可以加强对董事会成员以及经营管理层人员的监督力度，在保证会计信息真实性与及时性的前提下，同时增加会计信息的相关性与可靠性②。

（4）实际控制人特征与会计信息质量的关系。实际控制人的概念是能够对上市公司进行实际性控制的法人、自然人或者组织，他们虽然不是公司的股东，但可以通过投资关系或者协议实现对公司行为的支配。从公司法中对实际控制人的定义可以看出，实际控制人不是公司股东，但可以对公司行为具有控

① 秦书燕. 企业战略差异与会计信息的价值相关性 ［J］. 经贸实践, 2016 (23)：67.
② 梁钰. 我国防范会计信息失真法律制度的完善研究 ［D］. 南昌：南昌大学, 2010.

制力，这也是法律层面上的实际控制人在狭义上的概念。从狭义角度出发，绝对控股股东和相对控股股东都属于控股股东的范围，都不是公司实际控制人。而实际控制人还存在一个广义上的概念，出自证监会对上市公司实际控制人的认定，它将控股股东和狭义上的实际控制人都看作公司的实际控制人，他们的共同特点就是都对上市公司行为具有实际控制作用。实际控制人享有对企业的实际控制权，能够实际意义上对公司进行支配①。从我国控股方式构造看，我国控股方式存在一定的多元性，按照控股股东之间的不同表现，控股方式也存在一些差异。公司实际控制人的性质可以分为国有性质和非国有性质，由此将上市公司划分为国有控股上市公司和非国有控股上市公司，对日常管理和经营等方面都存在着重要的影响作用。由于历史因素的影响，我国经历了一段较为特殊的经济发展阶段，在这个特殊背景的影响下，我国许多公司的实际控制人是国家。国家并不对这些上市公司进行直接管理，而是按照实际控制权传导的原则，通过一些委托机构对该类上市公司进行管理，这种管理方式属于间接性管理。间接性的管理方式能够使得在委托机构管理下对国家具备实际控制权的公司进行科学管理，保障这些公司的有序运行，同时，也会导致实际控制人和公司治理业务产生一些控制层次，而这些控制层次的数量就会对会计信息的产生和传递产生影响，创造出一定数量的层级链条，为机会主义创造了条件。这种管理模式赋予国有股行政代理的功能，容易出现所有者缺位现象，使实际控制人对公司的控制缺乏相应保障，使内部人控制问题矛盾加剧，影响了公司会计信息质量的可靠性，继而对公司的会计信息披露乃至整个公司利益产生相应影响。由于国有股不具备人格化特征，不能保障对管理层进行有效监督，这种情况容易使得整个公司的治理结构受到影响，引起公司会计信息质量的整体降低②。

4.3.2 公司治理对会计信息质量的影响

（1）公司内部治理对会计信息质量的影响。股权结构对会计信息质量的影响。由于缺乏对多数股份持有者的制约手段，使股份持有较多者侵害小股东事件时有发生。由于大股东持有大部分企业股份，在企业中也占据一定的掌控优势，如果其通过自身优势迫使企业迎合自身利益需求，那么势必会对信息披

---

① 王雁. 管理层权力特征对会计信息质量的影响［D］. 成都：西南财经大学，2013.

② 周虹. 公司治理结构对会计信息质量的影响研究［J］. 企业导报，2012（14）：133-134.

露质量造成一定的影响。采取集中式股权结构，鼓励大小股东共同联合，加强对会计信息披露质量的监管，才能保障信息具有可靠性，从而促使企业在社会经济发展市场中发展。董事会对会计信息质量的影响。董事会是企业内部的管理体结构，其作用就像是一个中心环节，具有重要的存在意义。完整的董事权利体制主要包括对公司战略的制定、确定经济思路以及发展目标。审议及批准管理层的各项业务、财务、行动计划，并对公司的重大资产项目进行审批。董事会作为企业的核心代表，主要负责为企业制定详细的发展计划，而信息披露质量的高低，也是企业发展的重要影响因素，因此，董事会作为战略指引有义务加强对会计信息披露质量的监管力度。审计委员会对会计信息质量的影响[1]。审计委员会是由董事会设立的非执行董事权力机构，主要负责对企业财务报告以及内外部管控系统进行审计，其职责范围内主要工作都与信息披露质量存在紧密联系。成立审计委员会的最大作用在于可以提高信息披露的可靠性。审计委员会作为董事会的直接下设部门，其在企业运营过程中始终保持独立存在。在对以往审计委员会的人员组成结构调查显示，审计委员会成员通常不能具备执行董事权利，如果成员具备董事权利，那么很容易造成与审计师意见相悖的局面，最终影响审计的公平性与真实性。

（2）公司外部治理对会计信息质量的影响。政府治理机制对会计信息质量的影响。随着社会经济的不断发展，企业规模也日益扩大，在以股份制企业为主要发展模式的经济走向下，具有代理关系的利益相关者范围也发生了巨大改变，从传统的投资者与债权人逐步扩大到公众范围。因此，现今的会计信息披露质量不仅要满足投资者与债权人的决策需求，还得同时保障对所有利益相关者都能予以需求满足。这一发展趋势使得会计人员涉及的工作内容与相关责任范围也发生了延展，传统信息披露方式已无法使数据内容满足所有信息使用者需求，必须依靠政府监管来提高与保障会计信息披露的质量，才能同时满足各个不同受益目标群体的各自需求。一方面，通过政府部门制定会计行为准则与信息披露规则，能够使信息内容与披露方式更加规范化；另一方面，政府设立监管部门对企业的具体审查结果作出适当的奖罚，并针对披露过程中的违规现象给予相关惩处。除此之外，政府部门制定行为准则与披露规则时应时刻根据社会经济发展走向作出调整，以此来确保信息披露方式能够符合现时代经济

---

① 许甜，徐佳铭 . 公司治理与会计信息质量实证研究——来自深交所上市公司的经验数据 [J]. 财会通讯，2016（13）：31 – 35.

发展所需①。

（3）市场治理机制对会计信息质量的影响。市场机制主要分为接管收购与相机机制两部分，而在整个的市场机制治理过程中，二者并不是独立存在于整个机制体系中，而是以有机融合的方式保证着信息披露的有序进行。接管收购是指通过将控制权限转移至第三方手中，从而改变原始利益结构的一种经济发展手段；而相机机制则是在无法维持共同利益相关者的利益均衡时，必要通过争夺手段掌握全局控制权，从而重构原始利益格局。相机治理主要包含主体、信号以及治理流程三个方面。其中信号是维持整个治理流程的关键，而信号获取主要来源于企业所提供的财务报表，因此，报表内容是否全面、反映信息是否可靠都是非常重要的先决条件。完整的治理流程分为前、中、后三个评估阶段。首先，针对企业披露信息的整体了解，通过对报告的详细分析得知企业运行情况、资金状况以及信息内容中反映的风险因素，并以此作为对融资对象的评判方式。其次，在中期阶段要针对披露信息对各阶层管理行为进行及时、有效的监督，避免外界因素对发展造成重大影响。最后，在事后考核阶段应针对企业经营业绩做出详细的评估，对上市公司的经营业绩及管理层做出适当的考核。对经济状况优异的行为与流程要予以支持与跟进，相反，如果因个人与部门行为造成企业危机的现象也要加以严厉惩处，必要时也可通过更换高层管理等措施进行管理层结构调整②。

（4）社会治理机制对会计信息质量的影响。社会治理机制作为整个外部治理的主要构成条件，在整个治理过程中起着疏通机制有效运行的重要作用。社会治理具有很强的实用性和可操作性，能够有效提升市场治理机制的运行效率，除此之外，还能弥补政府治理机制的不足，有助于政府提高对治理过程的监管力度。针对外部不同主体在会计信息披露的内容与方式上也具有不同差异。外部治理的完善程度将决定信息质量的优劣。外部社会治理情况越稳定，第三方机构的信用度也就越高，信息质量也就越高。

4.3.3 完善公司治理，提升会计信息质量

完善的内外部公司治理是保证会计信息质量的基础前提，只有高质量的信息数据才能为企业的经营管理起到正确的决策支持。如果会计信息披露不及

---

① 宋晶婷. 阳德公司电子散热器业务竞争战略研究 [D]. 兰州：兰州大学，2020.
② 杨春悦. A 电力企业内部控制研究 [D]. 北京：首都经济贸易大学，2019.

时，数据不准确，则影响企业发展进度。为确保数据信息的高效与准确性，有必要加强对企业的内外部治理力度，通过发挥出各自不同机制作用，确保信息披露质量能够有效促进社会企业经济稳定发展。完善独立董事的选聘制度。虽然多数企业都设有独立董事机构，但却无法杜绝独立董事与股东之间私下联系的现象，使机构形同虚设，无法发挥出其作用。因此，有必要加强对独立董事选聘制度的完善，并通过建立激励机制加强对管理层的行为监督，从而促进会计信息质量的可靠性得以全面提升。建立规范的选聘制度，加强对独立董事候选人甄选标准与力度。通常情况下，董事会成员都具有较高的职业水准，在处理公司内部事项时都具有绝对的能力，但这并不能避免独立董事成员与企业内部的其他股东之间存在着私人关系。在选举方面，为了保证选举的公平性，企业通常会采用举办股东大会推选独立董事成员的办法，但在实际操作中，由于各个股东在企业内部的持股份额不一，行使权力的大小也各不相同，以致小股东很难在股东大会享有发言权，且即使提出意见与建议可能也不会被重视，严重违背了公平选举的初衷。因此，应加强对独立董事选举制度的完善，调整股东大会选举层结构，加强小股东参与选举力度，让选聘制度更加公平化与规范化。加强对独立董事候选人的选择标准。独立董事机构在企业中具有引导与监督管理层的职责，在保障信息质量方面也起着不可或缺的作用。基于独立董事的重要性，在选取董事成员时应该严格制定甄选标准，要求候选人除了需要具备专业的知识储备素养以及引导核心力外，还需具备正直的思想道德品质，能够通过自身强大的洞察力及时发现问题所在，并以公正、严谨的态度对问题提出异议，只有这样，才能真正发挥出独立董事的作用，促进企业健康发展。建立独立董事激励制度，加强对管理层行为的监督力度。激励制度在于可以对独立董事的行为产生约束作用，能够以各种形式有针对性地对董事会成员进行考核，并针对考核结果给予相应的奖励或处罚，以此来提高管理层人员的工作积极性。建立激励约束体系，能够有效地推动管理层行为规范化的贯彻与执行。因此，企业内部应该建立一项定期评估机制，在评估阶段，所有参与股东都可以通过匿名参与的方式对独立董事发起投票①。

（1）改进监事会运行机制，强化监事会职能。监事会是针对董事会以及管理层进行经营活动实施监管的机构，其作用是为了对经营情况全面监督与反映。但由于运行机制不够完善，不合理的治理结构也必然会给企业会计信息质

---

① 王一琼. 自创商誉和外购商誉可比性研究 [D]. 北京：北京交通大学，2011.

量造成一定的影响，导致会计信息缺乏可靠性，因此，应尽快对监事会制度问题进行改进，具体需要注意以下几个方面：一是加强监事会职能落实，拓宽其职务权限。适当拓展监事会核查范围及权限。除了具有对董事会以及管理层的监管义务外，还要赋予监事会查阅公司财务状况的权限，在发现财务信息出现问题时，有权直接向相关负责人提出异议，而相关负责人也有义务对指出的问题进行详细阐述。在特定条件内，如董事会侵害其他股东权益或管理层治理不力出现越俎代庖损害公司利益的事件等，监事会有权不经过董事会同意直接发起临时股东会议。监事会在监管过程中要时刻发挥出监督作用，落实其职能责任，尽职尽责对公司各项事务进行严格审查，监事会有权向股东和高级管理层举报违法行为，必要时还可作为股东代表直接向法院提出诉讼请求，净化企业内部发展环境。二是加强监事会的独立性。监事会作为企业内部的监督机构，其对公司各管理阶层都起着一定的制约作用。监事会在行使权力过程中，需要具备公平、公正的态度，因此，它不能附属于其他部门，必须具备独立性才能确保企业各管理阶层运行的稳定性。在选拔方式上，传统监事会成员的选拔都是由公司董事会、监事会以及高级管理机构联合选举，但通过董事会以及高级管理层机构进行选拔无法消除徇私舞弊隐患，严重影响股东对公司的实际控制权，因此，股东也应该被列入参与选举行列，以此来保证选举的公平性与独立性。从归属方面监事会必须真正被独立提名，在面对董事会、高级管理层以及大小股东组织时，保持独立性能够使监事会站在公平、公正的角度处理问题，避免与其他组织机构产生利益方面的纠纷，从根源上减少私下舞弊等恶劣事件的发生概率。三是加强对监事会内部成员结构调整。传统监事会对于成员吸纳标准往往建立在资质基础上，这类监事成员虽然具备相关管理资质，但却缺乏一定的经验储备与责任感。因此，应该加大对内部成员的比例调整，打破传统资质局限，通过吸纳具有会计相关经验的中小型股东代表以及外部责任感较强的中小型社会责任机构共同参与监管共事，提升监事的监督职能。

（2）完善注册会计师审计制度。加强对注册会计师审计制度建设的基本认识。保障会计信息质量，为企业决策者和投资者提供具有可靠性、相关性强的会计信息，对于企业运行和市场环境保护具有重要作用。许多国家为保障会计信息质量出台了一系列政策，还配备了审计鉴证制度。为保障会计信息质量，对会计处理行为进行有效监督，对会计信息披露和处理过程中可能出现的不当行为进行约束，我国也建立了审计鉴证制度。但从具体的实施效果来看，我国的审计鉴证制度实施还不彻底，审计质量普遍偏低。为此，需要加强对注册会计师审计制度建设重要性和必要性的基本认识，学习世界上其他国家在审计制度建设和实施方面的宝贵经验，完善注册会计师审计及相关的惩戒制度。通过有效的事务所监督机制，保障注册会计师群体能够规范客观地完成审计工作，为会计信息质量的提升创造条件，提高注册会计师考试准入门槛，明确考试报考条件。注册会计师是审计制度的主要参与者，要优化我国注册会计师审计制度，需要关注注册会计师群体的专业素质，从注册会计师考试层面出发，从准入层面提升注册会计师整体质量，进一步明确注册会计师的报考条件，增加在专业、学历方面的报考条件限制，将考试内容进行进一步细化，不仅考查考生在专业知识方面的掌握程度，还要对学生的综合素质进行测试。在注册会计师业务方面，扩大注册会计师业务范围，在传统审计鉴证和税务等业务内容之外，积极加快对风险管理、企业战略规划方面的拓展。优化注册会计师群体的专业能力结构，从审计业务的执行者向企业制度设计者和企业管理参与者转变。优化会计师事务所市场环境，加快会计师事务所组织形式变革，可以在保留原组织形式的前提下，增设有限责任合伙制等新的组织形式，从而更加适应市场发展对会计师事务所组织形式方面提出的新要求。在新的组织形式下，可以有效实现审计质量的优化，通过有效同业复核制度对质量控制的相关准则进行复核，通过审计质量复核措施对审计行为进行监督，确保审计行为的规范性和客观性。要不断优化会计师事务所市场环境，加强注册会计师审计工作的独立性，允许会计师事务所提供咨询服务，但不能提供与审计业务相关的其他业务服务①。

（3）建立外部经理人市场。加强对经理人的职业化建设。经理市场是现代企业推行的一种针对管理层的制约手段，其在企业运行中发挥着降低企业代理成本以及风险的重要作用。为了更好地满足企业发展需要，进一步加强经理人的职业化建设，提升经理市场在企业中的约束能力，需调整企业经理层传统结构。在企业中无论是董事会、监事会还是审计委员会，促使它们发挥出最大作用的前提就是要注重其独立性，独立性能够有效改善管理人员的可流通性，缓解因管理队伍中人员变动工作对接不畅问题。因此，经理人也应该由传统的行政部门调整为独立部门，并建立与其他部门一样的独立评价系统，降低企业经营风险，改善与其他组织机构的利益冲突，最终实现经理人利益与企业利益

① 王晓林. 企业会计信息舞弊及其防范对策研究［J］. 企业改革与管理，2020（24）：128 – 129.

双赢的局势。建立独立的经理人建档评估系统，加强对经理人的行为业绩跟踪记录，并通过评估结果给予相应的奖励与惩罚，督促经理人发挥自身责任。除此之外，还应加强评估系统的科学与权威性。通过与咨询机构联合共同建立以人力资源开发和培训为主的资质评定中心，能够使评价机制更为科学化与规范化。构建统一化的经理人才市场。外部市场环境对经理人才市场的稳定发展具有重要的影响。只有打破传统市场的经理人才归属限制，让人才流通于外部市场，顺应经济市场统一化发展要求，才能保障企业实现有序发展。加快对经理人选拔方式的变革。传统经理人的选拔主要都是在企业内部进行，经理人可能会通过一些利益手段博取高级管理层人员的推举，此种做法必定会影响选拔的公平性。因此，必须改进现有选拔方式，打破传统选拔区域限制，加强对外部市场的人才引进。加强与企业外部第三方中介机构的合作力度，为扩大经理人市场增添新的途径。受外部竞争环境影响，能够加大对经理人的约束力度，增加其徇私舞弊成本。除此之外，与外部人才市场合作能够有效激发经理候选人的竞争意识，促进其积极参与工作取得更多回报，使业绩水平不断进步。以资本市场为中心，加强对经济市场规模的扩建。虽然我国上市企业在经济市场上取得了一定的进步，但与其他发达国家相比，我国的发展水平还有待进一步完善。为了更好地满足经济发展需要，我国企业应以资本市场为中心，加强对市场规模的扩建。鼓励上市企业间积极参与合作，通过联合并购方式，推行股票债券发行，建设以上市为导向，以股权债权为基础的优质上市公司。积极引入多渠道融资，扩大企业整体投资规模，优化企业资源市场配置，使资金链运转更为流畅。鼓励经理人加大对自身职业素养与业务水平的提升，构建内外兼优的经理人市场，帮助企业进一步扩大经济市场规模，从而获得长远发展[①]。

（4）完善董事会结构，强化董事会职能。扩大独立董事规模，提升独立董事的职权力度。目前，在我国上市公司中，通常独立董事的设立都需要通过股东大会表决选出，但在实际情况中，大小股东的表决权并不均衡，无形中增加了大股东掌控独立董事的风险。为保证董事会的独立性，奠定其行使权利义务，建议董事会选举要充分吸纳中小股东的提议，加强对中小股东的合法权益保护。扩大董事候选人范围与标准，从多方渠道增加董事会成员比例，能够杜绝专权独大的现象，扩大人数能够起到相互监督作用，避免徇私舞弊事件的发生。通过成立审计委员会，提升企业内部管控力度。审计委员会作为企业内部

---

① 娄厦，吴玫霖. 非正规金融与中小微企业融资问题研究 [J]. 投资与合作，2021 (11)：21 –22.

的控制机构，在预防财务报告舞弊方面发挥着重要作用。审计委员会具有独立与权威的特质，主要负责内、外部审计流程等事务。在财务报告方面，主要负责对年度已审以及未审的财务编制报告进行复审。在审计计划方面，主要参与监督审计工作的范围、内容、人员以及各项审计流程。在内部控制方面，重点监察内部管理层与员工的徇私舞弊现象。成立审计委员会有利于及时解决企业内部突发的重大事项，对于决策失误具有及时修正作用。通过对审计资源的整合，能够对公司内部的控制水平进行独立、公正的评估，从而促进企业内部和谐发展。建立全面有效的独立董事制度。完善的独立董事制度，是推进企业有效发展的重要前提保障。独立董事作为一个独立机构，能够有效监督和约束股东与高级管理层的操纵行为，保护中小股东的合法权益。为了进一步加强董事会的职权，有必要对现行独立董事制度进行全面改善，以此来保证董事会的公正性。董事会的最大优势就在于具备独立性，通过法律法规加强董事会的独立力度，强化董事会的独立性与公平性，加强激励制度的制定，通过奖罚方式督促董事会成员提升自身履职能力。

（5）创造良好的公司治理文化。从优化公司制度体系入手，利用多种有效措施完善公司的制度化建设，提升公司治理成效。制度化建设是从制度角度进行公司治理质量提升的过程，也是公司实现有效合理治理的关键。成功的企业离不开完善的制度，优化公司治理效果就需要关注公司制度化建设进程，从制度建设的角度改进公司治理，就需要在实践过程中不断完善公司制度，丰富公司制度体系的相关内容。对公司中股东大会、监事会、董事会的权责进行明晰，采用合理的员工激励政策及决策机制，有效提升员工工作的积极性及责任意识，优化工作效率。在国家法律和市场规则的基础上，遵循企业治理的基本原则，实现岗位之间的协作以及制度层面的支持与协调，保障企业治理机制在合理有序的氛围下进行。净化市场环境，开展公平竞争。对于企业运营而言，既需要科学合理的内部架构，又需要稳定的市场环境。市场环境作为外部要素的重要组成部分，是企业进行治理结构优化的宏观基础，是企业之间进行市场竞争的场所。市场环境对于企业发展非常重要，如果企业处于混乱的市场环境下，就很难实现公平竞争，还可能受到市场环境波动对企业发展带来的负面影响，导致企业利益受损。实现市场环境安全稳定能够为企业提供外部环境保障，在稳定的市场环境中开展企业之间的公平竞争，能够发挥优胜劣汰的竞争机制作用，不断发掘有实力的企业，引导实力企业强化公司治理成效，积极推进企业改革，实现企业实力的进一步增强和企业的纵深化发展。加快产权多元化变革步伐，为公司治理文化建设事业提供产权基础。资本市场的性质因素，资本市场要实现有效运作，必须具备牢固的制度基础，要求通过产权多元化来实现。在新的市场环境下，产权主体的多元化有利于发掘企业的潜在投资者，扩大企业资金实力，还能够加快治理文化的建设步伐。在清晰的产权结构下开展公司治理工作，以我国基本国情为基础，探索符合实际国情的公司治理文化建设相关途径，加快产权多元化的建设步伐，为公司治理文化建设事业提供产权制度方面的基础。

（6）建立健全独立审计制度。引导企业对可选择条款进行科学调整。会计信息的披露需要在会计信息披露制度的指导下进行，对于会计信息披露的具体内容、披露方式和披露的时间等，都需要遵循会计信息披露制度的有关规定。会计信息披露制度属于会计岗位信息处理的基本原则和重要依据，必须坚持会计准则的不断完善，提升各项会计准则的可操作性。可以在公允反映企业经营成果方面，而非出于国家对企业进行管理的需要，可以尝试减少可选择的条款，并且对可选择条款内容进行优化，使公司在进行条款选择时能够更加直接真实地反映企业状况。在会计准则制定的过程中需要充分考虑该准则会对不同的利益相关者的影响，保障会计报表的可比性。加快推进新会计准则的制定和实施。在会计准则的制定过程中，需要遵循基本原则的指导作用，以实质重于形式作为中心思想，规范有关会计行为，从而实现对会计信息质量的保障和监督。关于新准则中与原准则出入较大的部分，要及时转变相关理念，学习新准则的相关要求，克服新准则中的一些难点问题，适应经济发展的新形势，发挥审计监督对于提升会计信息整体质量的有效作用。例如，对于长期股权投资、计提资产减值准备等，要积极引导企业财务部门加快建立新的会计核算方法，学习国际会计处理模式，已经确认的股权和资产不得转回，还要对非货币性资产交换过程进行规范和监督，引入公允价值工具，进行会计信息的相关处理工作，保护会计处理在商业方面的实质性内容。增强审计制度独立性，提升合伙制和会计师事务所聘用轮换制普及度。我国注册会计师制度尚未成熟，一旦发生经济方面的纠纷，投资者需要借用消费者权益保护法进行相关诉讼，以获得一些民事层面的赔偿。而中小规模的投资者通过对诉讼收益的对比，不难发现，会计师事务所费用赔偿通常不会超过审计费用的数倍，因此，中小投资者诉讼的概率很低。为此，要通过学习国外在普遍合伙制方面的有关经验，建设特殊普通合伙制试点，并逐步提升注册会计师违规成本，一旦发现某些中介机构或者企业提供虚假的会计信息，务必严惩。要逐步建立会计师事务所聘用轮换机制，对会计师事务所进行定期轮换，加快会计师事务所的规模化建设步伐。

（7）优化股权结构，奠定内部治理结构基础。目前，我国企业在国有持股比例上存在两大问题：一是国有经济的占股比例较大；二是履行国有资产投资者对未退出企业的责任。但由于国资委只是资产所有者的代理方，并不是资产所有者，对于制定减持方案的积极性并不高，导致国有股减持进展始终停滞不前。因此，要想解决占股比例大的问题，需制定针对国资委的激励与约束制度，拓宽发展机构投资者渠道，通过利用投资者能力，促进企业治理。通常情况下，投资者持有公司股权是为了维护自身的合法利益，但由于自身投入了大量财力，短时间内很难从证券市场中抽身，于是便形成了与企业利益共荣共损的被动局面，因此，投资者便会时刻关注企业发展动向，有必要时也会主动参与企业治理，以此来维护自身权益不受损害。另外，我国机构投资者的发展前景广阔，有必要通过各种理财基金项目，扩宽投资者渠道，加大其投资力度。此外，股权结构的适当多元化可以影响资本市场对公司经营者的约束作用，加强股权的流动性更容易使约束作用得以发挥。目前我国大多数企业间的投资模式还停留在国家的"虚拟所有制"中，对自有资产、产权和公司经营者都具有一定的负面影响，股权分散能够有效促进企业内部各级管理层独立性体现，改变股权的所有制更利于经济流转。

第 5 章

大数据时代会计信息标准体系的构建

5.1 会计信息标准体系含义

在信息技术高速发展的影响下，企业会计岗位工作模式逐渐发生转变。随着信息化的不断深入发展，会计信息标准体系的构建成为会计行业发展的必然要求，也受到了企业和行业的广泛关注。会计信息标准体系的含义是随着信息化的发展，从会计行业整体出发，根据企业会计岗位的工作内容和特点而制定的一系列特定的工作标准，涵盖了符合企业会计工作岗位上所需的数据标准内容。会计信息标准体系的建立能够加速企业会计处理人员对各种有效信息的整合，对企业进行外部市场信息的分析和处理存在积极意义。会计信息标准体系的构建能够推进会计行业数据共享程度的不断提升，能够加速数据流通。会计信息标准体系中配备了加密措施，能够在保障信息高速流通的前提下实现对信息安全性的有效保护，能够避免一些企业的核心信息遭到泄露，在一定程度上规范会计从业人员的工作和企业的会计信息披露流程，对会计工作具有一定的监督功能。会计信息标准体系的构建需要遵循既定的步骤，在标准体系数学模型的帮助下进行体系设计，在体系构建的过程中可以将一些重复性的标准进行整合，实现对体系的梳理和优化。

5.2 会计信息标准体系构建存在的主要问题

（1）信息共享程度低。会计信息标准体系的构建过程中存在的一个重要问题就是信息共享程度不足。会计信息标准体系的构建需要立足于整个会计行业的实际，对于信息的共享程度存在一定要求。但由于当前会计信息标准体系还没有充分立足，缺少信息流通的渠道，因此，信息共享效率还不足以对企业会计工作形成有效支撑。传统会计工作方式还没有完全完成转变，一些地方企业仍然保持着传统的会计工作模式，各部门之间独立运作，缺少财务部门与其他业务部门的有效沟通，导致财务部门产生信息孤岛现象，影响了会计行业的数据流通，制约了会计信息共享程度的提升。企业财务部门的主要工作还是停留在税务和核算等基本操作上，影响了财务信息的共享和企业会计岗位工作的改革，无法正确发挥企业管理会计的决策建议等功能。另外，当前我国会计行业内也没有建成信息共享的平台，导致不同地区之间的会计工作缺少沟通的机会，不同行业之间也存在着较大的差距。在信息共享程度不一、信息沟通不畅的前提下，不同的会计岗位在工作流程和模式方面都存在着较大的不同，这就容易造成会计信息的共享程度低和传递不畅的问题。

（2）历史数据利用效率低。我国会计行业具有悠久的发展历史，也存在着许多有价值的信息以及会计处理的成功经验。但这些都停留在传统会计工作模式方面，与当前大数据时代背景存在一定的脱节现象，这个问题是会计信息标准体系构建过程中的关键环节。在传统的企业会计工作模式中，对外部市场数据进行分析和整理的工作全部依靠人工进行，较为考验企业会计岗位工作人员的专业经验和技能水平。随着各组织和各会计人员在系统中留下越来越多的数据，如何对这些数据进行储存以供信息标准体系的构建和后期信息数据的处理所用，成为亟待解决的难题。在技术和信息沟通效率的限制下，传统会计工作模式中的数据分析工作效率比较慢，也容易产生一些误差。另外，由于缺少统一的标准，一些有价值的信息资源没有被挖掘出来，也加大了传统会计岗位数据分析处理的难度，并且增加了数据的数量。由于会计行业的迅猛发展，有一些历史数据的形式已经与当前现行的数据形式不统一，并且这些数据的体量很大，如果要进行统一的归纳整合，会造成一定的资源浪费。

（3）不能够保障信息安全问题。对于会计行业而言，信息安全问题事关重大，但当前会计信息标准体系构建过程中就存在一些信息安全的保障问题。在大数据的时代背景下，海量的数据在互联网上实现交互，企业通过购买大数据服务，也需要将内部会计信息在云平台上进行储存。大量的有价值信息处于市场环境中，非常容易被获取，还存在一定的混淆风险。为此，企业在财务信息安全保障方面承受着巨大的压力，存在由于密钥保管不力而造成企业信息为平台其他用户获取的担忧。因为在云平台上一旦企业的核心信息被泄露，就会直接危及企业的生存和发展，导致企业经济利益遭受重创。如果企业客户的信息泄露，会使企业和客户群体之间出现信任危机，导致合作关系破裂。因此，许多企业出于对自身利益的保护心理，对于会计信息标准体系中关于信息安全保障的部分存在疑惑和不信任，制约了会计岗位信息化建设的发展进程。由此可见，构建会计信息标准体系必须将信息安全保障作为重点内容，对企业会计流程中可能涉及的设备信息和数据严加管理，避免企业的核心信息受到网络攻击，遭到黑客或者竞争对手窃取，遭到篡改或是丢失等，可以通过不同职位访问权限的设置、软件防火墙等级的优化和网络安全防护措施的布置等途径进行改进。

5.3　会计信息标准化的系统结构

（1）会计信息采集的标准化。建立会计信息标准化体系，要在顺应大数据时代发展趋势的前提下，正确认识会计信息多元化、海量化的新特征，发掘信息之间的关联，达到理论与实践的一体化，并且要从产生、发展、挖掘、使用等各个过程实现会计信息的标准化，发挥标准化体系的作用。会计信息采集的标准化指的是在大数据环境下，基于企业会计信息质量优化的基本要求，以建立统一的数据库作为实现信息采集标准化的重要手段。在会计信息数据库中，既要包含一些来源于企业财务运行过程中的结构性数据，也要将大量有价值的半结构性数据和非结构性数据涵盖进来。对数据的收集工作应当按照既定的统一标准，并对其中的有价值数据进行有效储存。从会计信息数据库的内容上看，应当包含最原始的会计信息，涉及采购、运营、销售、投资等多个环节。为实现会计信息数据库的有效管理，可以通过设定统一标准，对原始数据进行分类，并通过编号为不同会计事项的信息赋值，编号规则应当基于会计科目和明细科目信息，从而提高信息抓取的效率，为会计信息的抓取和处理时数据转换工作减负。会计信息采集的标准化建设能够有效帮助企业提升会计信息管理质量和信息抓取效率，对企业决策有效性和及时性具有重要影响①。

（2）会计信息处理与传输的标准化。会计信息处理与传输的标准化指的是在大数据时代背景下，积极借助云计算技术对会计信息进行处理的过程中，在会计信息数据库中进行数据的处理和传输工作。在会计信息标准化系统结构

---

① 尚婷婷. 大数据下会计信息标准化研究［J］. 交通财会，2016（10）：43 - 46.

建设时，要设定统一的处理流程和传输模式，完成对会计信息的记录、处理和传输。在大数据背景下，信息结构发生变化，呈现数据规模向海量化发展、数据结构类型向多元化发展的新趋势。从会计岗位的工作模式看，会计信息的处理与传统手工记账存在一定的一致性，都需要在原始凭证的基础上对原始凭证进行审核，再根据审核后的原始凭证进行记账工作，编制记账凭证并完成结账等。记账凭证和明细账都是对结构性数据的记录，虽然可以明确记录单价、数量和金额等信息，但另外一些非结构性会计信息则无法进行记录，而在这些非结构性的会计信息中也不乏一些有价值的信息。在会计信息标准化系统中，需要在大数据、云计算等技术的支持下，将会计信息的处理和传输过程进行更深层的标准化建设，除此之外，也可以增加对于非结构化数据信息的处理和记录。为此，我国推出了可扩展商业报告语言（XBRL），其中蕴含有关数据的分类标准和创新元素形式，能够对更加复杂的经济业务信息进行记录和表达①。

（3）会计信息披露的标准化。会计信息披露的标准化是会计信息标准化体系的关键部分，也是会计信息标准化体系的核心环节，会计信息披露的标准化指的是建立一套标准的流程与系统要求进行企业会计信息的规范披露，保障行业市场的稳定秩序与发展步伐。我国提出的"一带一路"倡议是经济全球化不断深入发展背景下的创新型经济发展倡议，"一带一路"倡议的运行和展开则为我国企业提供了新时代背景下的发展机遇和挑战。为进一步融入世界经济、建造中国特色的经济发展模式、实现综合国力的提升，就要加强会计信息标准化体系的建设工作，由内而外实现企业会计信息质量的有效提升和市场环境的不断优化，为市场发掘更加具有潜力的发展因素。在 XBRL 中，我国针对不同程序之间的数据交换，编制了标准格式规则，以提升会计信息可用性，加快会计信息传递效率。数据交换格式改变了传统会计岗位工作中，针对不同的会计信息使用者需求提供不同格式财务报表的模式，简化了财务报表编制的效率，并提升了会计信息的有效性。XBRL 投入使用后，会计信息披露突破了格式上的限制，以多样化的形式实现了标准化的信息披露，提升了我国会计信息整体质量②。

（4）会计信息标准化系统的性能评价。在会计信息标准化系统结构中，

---

① 李春英. 上市公司内部会计控制与会计信息质量研究［J］. 行政事业资产与财务，2014（3）：129 – 130.

② 陈宇. 扬州市电子政务发展中的信息安全与对策研究［D］. 扬州：扬州大学，2015.

会计信息标准化系统性能评价占据着重要地位。性能评价部分能够对会计信息标准化系统结构的运行情况进行全方位衡量，是会计信息标准化系统结构的必要组成部分。会计信息标准化系统的性能评价指的是通过一系列评价指标的设计，对会计信息标准化系统的性能进行有效考核，从适用性等角度分析会计信息标准化系统的运作效果，衡量该系统能否适应企业发展需要，进行行业内部的对比分析和会计信息质量的提升优化。会计信息标准化系统性能评价的主要指标来源于对会计信息可比性和适用性的考量，通过具体的考核指标，能够对系统当前运行的成熟度进行有效评价。作为评价反馈环节，会计信息标准化系统的性能评价能够对会计信息的采集、处理与传输以及会计信息披露三个环节的执行情况进行反馈与评价，能够考验会计信息标准化系统中其他环节的标准化程度。根据评价体系的反馈结果，可以对会计信息标准化系统进行动态调整，及时修正各个环节在标准化运行过程中可能存在的问题，提升会计信息标准化系统的整体协调性。

5.4 大数据下会计信息标准化的发展路径

（1）建立会计信息标准化规章条例。大数据时代背景下会计信息向标准化发展必须以相关规章条例的建立和完善为前提，只有在企业会计信息相关法律法规和内部规章体系不断完善的基础上，企业和相关人员才能对会计信息标准化发展过程中的责任建立明确认识，保障企业会计信息质量管理的有序运行，并实现对会计信息风险的有效防范。会计信息标准化规章条例的建立可以从国家和企业两个角度来进行。从国家角度，要以强调企业管理会计信息质量过程中的必要性为准则，不断完善现有法律法规体系，促进会计信息的标准化建设进程。积极发挥监督和促进作用，指导企业之间建立会计信息质量管理体系和会计信息的标准化平台，实现企业内部制度和组织架构的优化完善。从企业角度，要建立会计信息标准化内部规章，明确分工，实现企业各部门的高效运转和配合。要积极落实会计信息制度的强化和具体的执行方案，加快现行财务管理制度的升级，保障会计人员能够在会计信息标准化规章条例的引导下将会计岗位工作进行进一步细化，实现企业财务资料的完善和会计信息质量管理的优化，从而使企业会计信息不仅能够为企业内部决策提供依据，还能够满足投资者群体的实际需求。并且要关注制度的实际落实工作，不仅要将各项制度落实到纸面上，还要落实在具体行动中。另外，还要强调企业会计信息质量管理评价的必要性，将会计信息质量管理评价的相关要求以规章制度的形式进行公示和管理，从而督促企业开展基于信息技术大环境下的内部自查，提升对于财务信息风险防范重要性的认识，及时发现在会计信息质量管理中的不足之处，对会计信息整体质量提升实现持续化的监控与改进。大数据环境下会计信息标准化建设在规章条例的作用中能够加快相关人员的思维转变，树立大数据运用的正确思维与认识，有效发挥制度的制约性功能，实现会计信息风险防范和会计信息标准化建设进程的加快。组织架构方面，企业要以规章条例为有效途径，立足企业发展实际，在原有的组织架构基础上增加会计信息质量管理小组，或者以独立部门的形式进行企业会计信息的审核和管理。在企业内部建立以会计信息质量管理为核心的管理网络，疏通各部门之间信息沟通的有效渠道，打造有效监督措施，对发现的问题进行针对性的反馈与修正。并且要将领导小组的责任也通过规章制度加以明确，携手并进落实企业会计信息的管理工作，优化企业的管理环境和内部运行秩序，保障各项有效制度的执行力。

（2）增加基础设施建设，建立会计信息标准化平台。大数据环境下会计信息标准化发展必须建立会计信息标准化平台，提升基础设施建设，对会计信息披露进行规范管理。需要基于企业发展的具体需求和企业实际，在大数据技术的基础上构建会计数据库，将有价值的数据资源信息收录其中。数据信息平台的建立需要具备统一的信息归纳标准，并在归纳标准的规定范围内进行数据信息的整理，再基于企业的内部管理流程进行程序编制。通过会计信息标准化平台的建立，数据流通的速度将会得到进一步提升，并且对于信息标准的形成也可以发挥积极作用。在会计信息标准化平台的建设过程中，要不断优化基础设施建设，从纵横双向推动企业信息化的不断深入。从横向来看，企业要尽快脱离以会计电算化系统为唯一信息化系统进行数据处理的观念和工作模式，以业财融合的思维进行标准化平台的建设，有序进行财务管理。为此，在平台中，应当将财务信息和企业其他部门的信息进行整合，提升信息的共享程度，为企业提供时效性更强的有价值信息，避免不同部门信息之间的不同步现象。在信息共享程度提升前提下，会计信息标准化平台能够对方案进行有效验证，并对企业运行进行准确评估和预测，实现管理者在信息反馈和预测方面的实际需求，为企业提供决策支持。而且，企业还要积极推进内部数据与外部数据的连通，实现对外部数据的整合以及对行业指标等信息的了解度，积极采用先进的信息化技术工具将企业内外部数据和指标进行对比，明确自身的优势所在，并积极查找短板，从而对企业运行进行针对性改进，优化决策能力。从纵向看，企业要积极打造上下游产业、税收审计等相关主体信息的纵向化发展，将来自这些主体的有价值信息进行集成，突破原有的内部信息体系，利用大数据技术进行有价值信息的抓取，保障企业能够紧跟市场发展的步伐，精准定位客户需求，并依此不断调整经营方略和销售计划等。在会计信息标准化平台中，还应当设立企业内部控制信息的沟通系统，不断优化企业内控体系的建设，对企业会计信息质量的提升发挥积极作用。通过内控体系的不断完善，企业的管理人员可以最大化发挥监督作用，并能够对财务的舞弊现象进行一定的控制与预防，实现财务管理秩序的优化，促使企业会计人员不断提升专业技能水平，并且养成良好的职业操守。通过会计信息标准化平台的建立，实现企业会计信息质量的整体优化以及企业财务管理秩序的有序运行，有效防止不当财务行为的发生，并降低企业管理风险。

（3）提升信息安全管理水平，建立信息安全应急预案。从大数据时代背景的视域下看，信息安全问题不仅事关企业的正常运行秩序，也对优化市场环境、推动国家经济发展以及促进大数据时代背景的继续深化存在重要影响。大数据时代的到来为人们工作和生活提供了诸多便利，也为会计信息标准化的实现创造了条件。但随着信息共享程度的不断提升，以及行业、企业之间的沟通合作日益紧密，海量化、多元化的信息数据形成的信息系统网格也对企业的信息安全防护能力提出了更高的要求。对于企业而言，核心资产是企业得以保持市场竞争力的关键，企业必须对核心数据和资产加以维护，正确应对大数据时代对企业信息安全管理水平提出的要求。由于网络环境的开放性和计算机技术的不断进步，由于相关人员的操作失误、主观故意或者系统崩溃、程序漏洞等因素引发的风险事件层出不穷，进而引发的商业欺诈等问题使许多企业的核心利益受损，并且引发了行业与企业中对大数据技术望而生畏的现象。针对当前会计信息的安全性问题，要不断提升信息安全的管理水平，加强对于会计信息的安全性维护，同时要不断加强对企业的风险防范意识宣传，引导企业建立关于信息质量管理的正确认识，不断完善财务防护的相关措施以及安全保障体系内容构造。对于会计信息质量而言，会计信息的可靠性和时效性是关键，为此企业必须确保核心信息的安全性，定期进行系统安全的优化工作，细分不同人员的访问及处理权限，通过身份识别技术和用户口令实现对访问权限的有效管控，并不断提升防火墙等级，以抵御非法侵入。组建信息安全管理小组，基于企业信息安全保护工作向管理层进行定期报告，保障系统的安全性能及相关功能始终处于最新状态。还要加大科研投入的力度，掌握核心技术。此外，企业还要不断推进信息化建设，与互联网技术的时代浪潮进行积极融合，适应国家的经济建设步伐。通过引进先进的技术设备，与业内尖端的技术型人才进行合作，构建大数据时代背景下的企业会计信息云平台。通过软硬件技术的优化，实现对企业核心信息的保护以及对内部会计系统的兼容。保障信息资源共享程度的不断提升，防止企业核心数据遭到侵害。企业要积极借鉴大数据技术的应用经验和发达国家的成功路径，提升会计信息风险的识别能力，建立信息安全应急预案。危及企业信息安全的紧急事件发生时，可以在应急预案的指导下快速行动。

第6章

大数据背景下企业会计信息质量的提升措施

6.1 优化大数据环境，提高会计信息获取数据准确性

要提升企业对于大数据背景下风险与挑战应对的能力，就要不断优化大数据环境，提升会计信息获取数据的准确性。加强网络信息防范力度，通过完善防火墙设置，最大程度避免网络病毒和黑客攻击对于大数据环境产生的负面影响和潜在威胁。保护会计信息化软件的自主研发，从资金、政策到人才培养方面给予一定力度的支持，以云信息服务的形式开展大数据背景下会计信息管理工作。通过云服务功能平台的搭建，使企业个性化的业务需求得到满足，从而有效实现大数据环境的优化。另外，还要对云服务系统的及时性给予充分关注，定期进行系统维护，防止由于系统未升级而导致在数据传输和数据安全保障方面出现漏洞。为进一步优化大数据环境，要不断建立健全法律法规及行业标准，维护会计信息化系统的稳定运行。从政府部门角度看，要积极对大数据环境云产业进行合理规划，加快推出信息安全条例和法规，使大数据环境优化的过程有法可依。另外，还要发挥监督功能，及时发现大数据环境优化过程中的各项不足，避免相关部门因缺少监管而出现的消极怠工现象，使大数据环境得到持续性的优化。从人才队伍建设看，要积极培育具备会计专业能力和计算机技能的复合型人才，加快会计教育改革的步伐，从课程系统规划和课程设计重构等方面将大数据时代背景融入进去，培养会计专业人才的综合能力，为行业输送优秀人才。对于现有的会计专业队伍，要加强人才交流与培训的力度，为大数据环境的优化提供人才资源支持。在大数据时代背景影响下，企业会计信息管理能够顺利应对各项挑战的重点在于提高会计信息获取数据的准确性，为此，要加快信息化手段的建立和升级，避免信息孤岛的局限性，顺应时势发展，打破系统间的数据壁垒，实现企业管理会计信息化水平的有效提升。另

外，为进一步提升数据获取的准确性，要不断完善大数据资源平台的管理体系，各企业建立信息库，将国家法规、行业政策、市场动向等内容在信息库中进行输入，帮助会计人员获取有价值信息，明确使用层级及相关层级权限等细节，权责分明，实现严格管理，从而保障会计计量的准确率。在企业会计信息库中，会计人员凭借专业技能对有价值信息进行定位和筛选，并对收集到的信息进行分析辨别。在大数据时代背景下，"互联网＋会计"为会计行业提供了多元化的发展渠道，使会计信息交互效率不断加快，成本不断降低。但随着数据获取源头的不断增多，大量的信息数据涌向市场，其中夹杂不少良莠不齐的信息内容，严重影响着会计信息的质量。为了改善会计信息质量，必须加大对数据来源的监管力度，筛选与过滤劣质信息，净化网络信息传播环境，为会计行业发展提供健康有力的环境保障。

（1）优化信息传播环境，增强会计人员业务安全意识。在"互联网＋会计"的发展环境下，会计行业无法直接摆脱周遭环境带来的负面影响，因此，要想提升会计信息的质量，就必须严格监管数据信息的来源，加强对会计准则的执行力度。在大数据时代背景下，现有会计信息来源主要分为两个组成部分，分别是经济资源与经济活动参与者。企业应充分重视对信息数据来源的优化与质量监管把控，构建完善的内部信息接收、筛选体制与外部制衡机制，加强对信息筛选的规范性，并明确各阶层岗位组织职责权利，突出严查重点，发挥出内外部协同管控效应。除此之外，"互联网＋会计"应用要求会计人员必须具备信息安全风险意识，只有拥有及时防范与止损的能力，才能确保企业生产流程正常运转。会计人员要有预测损失的能力。在损失发生之前，能够通过信息数据及早作出预判，降低风险事件发生的概率。如果风险事件已经发生，会计人员就应该采取相应措施对事件进行补救，抑制损失的再次扩大。在损失事件发生后，会计人员应该完整统计损失事件造成的利润亏损，寻求税前与税后利润补亏、盈余公积补亏等办法，对亏损事件进行有效弥补。

（2）通过构建完善的法律法规，推进企业部门平衡发展。随着我国大数据技术的不断发展，会计制度也逐步走向规范化，但是，在会计行业内，信息失真一直是会计工作中最常见的普遍现象。由于目前推行的法律法规中，对会计信息失真现象惩罚机制动力不足，无法对会计人员的行为过错造成有效的制约与改善，使一些会计人员抱有侥幸心理，认为自身行为所付出的成本代价不高，这也是导致会计信息质量无法提升的主要原因。在"互联网＋会计"下，国家相关部门应在信息披露方面提高会计信息质量的要求，构建完善的法律法规制度，加强外部法治约束以及内部相互监督力度，将会计工作体系不断规范化。应针对会计信息管理出台一项统一性管理办法，将所有会计信息管理内容都涵盖其中，从全局上操控信息处理方式，并通过合理运用"互联网＋会计"技术，提高信息的交互效率，将最优质的信息资源呈现在客户手中，真正让信息资源成为帮助使用者作出决策的强大助力。要通过大数据环境降低企业信息捕获成本，为企业增加收益。人工智能信息技术是以大数据、云计算、物联网、区块链等先进技术作为主要依托的一种新型信息获取手段。虽然"互联网＋会计"的应用技术突破了传统会计准则的约束条件，会计信息质量特征产生了巨大的变化，但是，互联网是一把"双刃剑"，如果不能合理地将其运用在信息技术创新方面，则有可能适得其反。在运用人工智能信息技术改善会计信息质量时，应重点关注信息真实性和相关性的反馈，在通过大数据背景提升信息捕获速度的同时，要保证会计信息的完整性，确保信息具有可验证性。合理地运用"互联网＋会计"技术，可以有效降低企业会计信息获取的边际成本，为企业提供持续利益增长。企业内部应尽快设立独立审计监督部门，对会计有关部门的领导与员工的工作形式与内容采取有针对性、持续性的跟踪，并通过成立惩戒机制，给予相关人员客观、公正的考核评价，激励员工切实做好内控工作，推进企业健康有序发展。

（3）提高会计人员综合能力，加强其社会责任感。由于会计专业一直以来都是我国教育行业中的热门报考专业，会计人才数量与日俱增，企业中可供人才实践的岗位呈现逐渐短缺趋势，导致很多的会计人员因为缺乏必要的专业性，从而对会计制度了解不够深入，在财务运用时难以合理、科学地将会计制度运用其中，最终导致信息出现误差。还有部分会计人员出于私心存在财务舞弊现象，使会计信息质量与实际状况出现差异性，无法准确为信息使用者提供引导决策作用。除此之外，目前我国很多企业将会计业务外包，在委托合作过程中，企业通常很少深度接触代理机构中的会计工作人员，对其专业性无法做到准确掌握，因而也无法保证会计信息的质量。为了解决这一问题，企业应尽快完善内部会计部门的建设与结构调整，加强对内部会计工作人员综合能力的培养，将决策权掌握在企业手中，从源头上杜绝部分影响信息质量的不利因素。在为会计人才制定培训计划时，要充分结合企业自身的发展特色与发展优势，重点加强对"互联网＋会计"先进科学理念的应用，因地制宜地予以精准培训方案，培养人才的专业性，提升会计人才的实际操作能力，提高会计信息的整体质量。制定专业的会计人员考核制度与奖罚机制，以计分制严格要求会计人员保持良好的职业道德操守，加强其社会责任感。对于注重团队建设、业务表现优秀的员工要给予表扬与奖励，以此来调动会计工作人员的工作积极性。企业在特殊状况下必须要与其他会计机构达成合作时，应提前达成权利划分协议，明确各自在项目进行时的责任与义务，并严格按照相关的协议与规定进行操作，将业务风险降至最低。

6.2　搭建智能化管理平台，增强风险防控能力

企业应不断完善自身智能化信息处理体系，并对系统定期进行维护与更新，确保信息处理系统能够稳定运转，同时，还应加强对网络安全环境的建设，通过引进新型防火墙等技术，对现有的财务管理核算制度进行及时更新，以有效保障信息数据库的安全。在大数据环境下，信息的处理速度更快，流程更加简捷，智能化的处理方式已经缩减了传统信息处理中不必要的处理流程，因此，为了保证现行制度能够适应时代发展需求，需要不断完善大数据背景下的智能化核算制度，才能全面摆脱僵化落后的信息处理方式。要注重提升综合能力和水平，加强整体系统收集与管理信息的能力。通过引进先进科学技术，不断培养自身创新能力。同时，要加大对科技开发的投入，鼓励员工参与新型科技的学习，使员工能够熟练掌握人工智能技术，并充分利用智能化信息处理技术，为企业创造更多发展机遇。信息安全是计算机网络安全体系的重中之重，企业在进行网络安全建设时，有必要通过相关知识了解网络安全对于信息保护的紧迫性，结合现实情况对自身系统原理进行全面分析，并利用机密技术的具体应用情况对安全系统进行归纳、探究，找出最适合自身的网络安全方案。充分利用智能化信息处理技术的多重分析功能，系统在使用计算机的过程中，如果遭受到网络攻击，安全系统一般都会启动相应程序进行拦截，而拦截掉的信息，通常情况下是不易被工作人员发现的。但是，计算机只要在运行过程中，一般都会产生大量的系统日志，尤其是在对信息的收集过程中，也会随着浏览记录留下大量的访问痕迹。此时，便可利用智能化分析技术对此类日志信息进行二次处理。通过大数据分析系统，能够对记录中恶意攻击数据进行全面分析，帮助企业完整破译攻击程序，并针对程序类型制定相应的防御措施，保护内部数据信息安全。除此之外，大数据背景下智能化会计信息处理技术发展缓慢，很大一部分原因在于相关人才缺乏专业的技术能力，企业如果想加快

智能化信息处理进程，就需要不断引入先进发展理念，加强对人才专业素养的培育，创造更多实训岗位，让员工快速适应大数据时代的发展水平。

与传统工作模式相比，智能化信息处理系统能够有效提升会计信息质量，减少信息处理时长，实现精准化、高效化的工作状态。但是，任何高科技技术的背后都存在一定的风险，会计智能化处理系统也不例外。在传统的会计信息处理过程中，会计工作主要面临的风险问题，大多都来源于会计人员的操作不当，导致信息出现流失，核算结果产生偏差等。虽然引用信息智能处理技术可以有效改善传统信息处理过程中的弊端，但是却加大了网络安全风险。会计信息处理智能系统是由基础系统、运行模式以及制度共同组建的一个完整的运行体系，在整个体系的运转过程中，会涉及诸多环节。由于系统具有错综复杂的特质，任何一个细小的因素，都有可能为系统稳定运转埋下隐患，尤其是网络安全方面，一旦出现问题，必然会直接对整个体系造成影响，甚至有可能会给企业造成无法挽回的损失。在这种情况下，企业应加快风险预警体系建设步伐，充分找出自身的不足，提升自身规避风险的能力，及时发现问题所在，并能针对问题实施有效解决方案，以此来提高安全管理效能。企业对于系统的调整必须根据自身的实际情况出发，通过制定定期检查方案，关注智能化系统中的各个重要节点，并对可能出现问题的控制要点进行深度分析，找出系统中薄弱环节所在，并对此环节进行针对性的改进，提升系统抵御风险的能力。除了定期检查外，也要对系统进行定期维护优化以及更新升级，确保系统能够持续性发挥作用。引进先进防火墙技术，加强对多种攻击风险的防范能力。企业在建设防火墙时，要基于自身实际需要，选择更为科学合理，安全系数更高的防火墙进行设置。同时，要加强对服务器系统及后台登录权限的设定，改变单一使用数字密码形式，提高登录门槛，辅助防火墙设置提升整体系统安全设定，对潜在的风险进行全方位的防范。企业还应针对会计数据建立实时性储存与备份体系。在会计人员工作的过程中，如果发生突发状况，工作人员可以第一时间通过启动备份程序，对各项工作进行实时备份，进而有效规避突发事件造成的信息丢失现象，以此来减轻对企业的不利影响。

随着大数据时代的到来，电子智能化技术不断涌现，为我国社会经济发展提供了多元化的发展渠道。而会计行业自引进智能化信息处理技术开始，每年的收支规模也呈现不断上涨趋势。要构建一套完整的智能化运行体系，除了需要积极地对信息系统进行定期安全维护、增强智能化系统的风险防控能力外，还需要通过搭建智能化管理平台，依托全员力量共同参与会计管理平台运行机制完善，加强企业内部核心竞争力，为企业的经营发展提供有力的信息数据支持。需要明确智能化管理平台的定位。智能化管理平台作为企业内部整体智能化发展体系的一部分，与企业内部财务系统、人力资源、项目经营等各个方面都有着不可分割的紧密联系。利用大数据构建智能化管理平台，有助于为企业提供更多的硬件支持。能够将内部各个部门紧密联系在一起，实现信息的实时性与共享性，极大节约信息核算与传输成本，提升整体工作效率。因此，管理平台的构建并不能独立于整个体系中，而是需要联合整个企业的实际情况，鼓励全员共同参与平台运行规划。要加强企业内部标准化管理制度建设。管理制度作为保障企业运行规范化的基础，是促进企业长久发展的根本所在。管理制度能够严格要求企业内部所有人员按照制定标准开展经营活动。建立完善的管理制度需要从企业的实际入手，把企业和员工的切身利益放在首位，通过广泛收集员工意见与建议，进行不断修订、试行与整改，尽最大努力使制度做到公平与公正，绝不针对任何部门或员工。要保证内部员工给予支持与肯定，并能严格按照制度标准执行，实实在在让员工感受到制度的约束力能为企业与自身带来更好的发展。促进企业内部多方系统实现对接，能最大程度发挥统筹智能化管理的优越性。在未来信息技术的发展道路上，会计信息智能化管理已成必然趋势，因此，企业有必要尽快完善内部系统搭建，将企业内部信息化建设与智能管理系统进行有效融合与对接。要尽快将考勤系统纳入智能化管理范围，配合管理制度加强对员工工作监管力度。应加大对传统核算系统与智能系统的功能合并研究，依托信息化技术使信息处理方式更为完善。

随着各行业经济业务的不断拓展，现代信息技术已经活跃于各个经济角落，企业应在快速构建和改善信息化环境的背景下，加大信息化专业传播力度，推动传统数字化系统发展，有效促进信息化业务流程的完美融合，全面提升业务效率。信息技术环境的变化和新兴的技术产业，正在为企业信息技术的智能化更新提供新的指引，企业需要密切关注科技领域的技术创新，不断对自身智能系统进行升级，以此来获得持久、稳定的发展。纵观当前大数据发展，信息技术不仅丰富了多元化的经济活动，也有效带动了其他业务的深度发展，大数据与业务品种的对接水平也日益呈上涨趋势。企业应率先掌握发展动向，引进与采用先进科学技术，适应多种信息系统的发展趋势，与外部时间、空间与环境保持发展一致性。传统的会计信息处理方式已无法适应大数据领域的竞争需求，改变当前的运作模式并专注于对新技术的创新与研发已经成为当前会计行业发展的重中之重。建立和改进新的信息处理系统需要经过深思熟虑，为了能够及时收集信息，保证数据的准确性，摆脱传统复杂烦琐的人工流程，就需要从大数据的发展方向入手来进行研究。通过加大技术投入，对顶层设计中的关键要素进行整合利用，改进传统工作思路，不断创新工作方式，并加强对创新工作制度的推广力度，确保新型工作模式能够迅速适应发展潮流。企业还应重点将研究方向对准系统的优化建设与软硬件智能化处理设备。推进智能会计信息处理转型升级是一项长期、大规模的持续投资。目前，随着会计行业经济活动的不断增加，出现越来越多的信息种类与数量，已成为当前会计信息的发展的主要特征。在这种情况下，必然会对信息处理设备和软硬件系统提出更高的要求。从企业内部建设条件来看，目前硬件支出在企业智能化系统建设中占比较大，也是企业投入中最大的经济负担。因此，企业需要深刻理解，高科技产品的使用和推广是一种金融投资，需要以长远的眼光来看待收益。而企业的投资者也应遵循着吸纳新事物的精神，主动接受技能培训，加强自身对智能化操作系统的了解，以便于更好地投身于建设智能化管理平台的工作中。软件应用的难点在于开发难度较大，维护周期过长。用于智能数据处理的计算系统需要通过数据分析与多端口数据进行良好的通信匹配，企业在建设智能化信息处理系统方面投入的重要性和持续性，也是能否顺利完成信息系统建设的关键因素。

积极利用大数据、云计算新兴技术优势，优化企业内部管理秩序。我国社会发展为企业建设发展提供了许多新的机遇。在新的历史时期，大数据、云计算等新兴技术涌现出来，提供了一种对数量巨大、内容烦琐的信息资源进行合理分析利用的创新方法，企业应积极利用大数据、云计算等新兴技术的优势，面对会计行业经营模式的新变动，加快信息质量变革脚步，不断提升企业内部管理质量，优化内部管理秩序，在实现企业自身发展的基础上，推动整个会计行业的不断进步。在大数据时代背景下，企业会计信息质量提升应当充分借助大数据技术优势，合理利用大数据在企业会计信息质量提升方面的重要作用，不断加强会计人员专业性能训练与优化，以大数据、云计算为基础，积极打造"智慧计算"平台，并实现信息系统的及时更新与升级，这也是企业内部信息化建设、优化企业管理结构的必要途径。会计信息管理质量事关企业发展，在企业运行过程中应始终以保护企业核心信息、提升会计信息整体质量作为公司财务管理的重中之重。随着大数据技术的不断升级，信息系统向多功能化方向发展，其内容得以不断丰富，并且还可以对企业会计信息资源进行有效分类和安全存储。为此，企业应当加强对于智慧计算和云平台的利用能力，将大数据技术与信息系统的应用结合起来，建立各部门之间的联系，优化信息综合管理成效。我国目前会计行业还处在信息数据初级阶段，面临许多机遇和挑战，企业在进行内部管理秩序优化、会计信息质量提升的过程中，应当正确认识会计信息之间的质量差异，坚定在信息化过程中抓住机遇、面对挑战的信心，在保障企业信息安全的前提下实现利益最大化。

跟随时代发展新机遇，创造企业核算新时代。企业要抓住互联网技术发展的优势，积极利用时代进步带来的发展机遇，充分利用云计算技术，推动企业内部会计信息的保护和交流，稳步提升会计信息质量。随着科技水平的发展进步，传统的财务报表和机械化、纯数据化的管理报告已经不能适应时代要求，数据使用者更加关注数字背后蕴含的价值和意义。因此，要不断优化财务报表形式，深挖财务数据背后的价值，找到会计信息之间的内在关系，为使用者提供决策依据，跟随时代发展带来的新机遇，创造企业核算和会计信息处理的新时代。作为一种新兴技术，大数据技术在价值密度方面要求并不高，大数据技术可以用于处理上亿条信息，其信息容量非常巨大，并且运算速度方面也具有极大优势。这种技术发展程度为企业财务管理工作提供了新的方法和新的思路，带来新时代背景下企业的创新发展路径和更多的机遇。通过大数据和云计算等新型科技成果用于企业智慧平台的建设，能够有效提升企业进行财务管理的效率和质量，企业应当积极开发大数据在会计信息容量、速度、安全性提升方面的重要优势，简化工作流程，逐渐帮助企业建立智慧型会计核算体系，建立核心优势，领先市场发展。在企业智慧平台下，会计信息要随之改变呈现形式，从单点式向三点式转变，不但要将信息提供的相关流程进行展现，还要从信息使用者汲取反馈，并将反馈应用于会计信息的进一步优化调整中，时刻关注信息使用者的真实需求，提高会计信息的使用价值。

加强大数据技术与智慧计算平台的结合，为企业发展赋能。要不断加强大数据技术与智慧计算平台的结合，提升智慧计算平台的利用率，使企业尽早实现财务信息集成和共享新模式。及时进行平台维护和功能更新，使得智慧计算平台的建设能够紧跟时代进步和科技发展的步伐，正确发挥智慧计算平台在企业会计核算新方法方面的重要作用，为企业发展赋能。在大数据技术影响下，企业会计核算周期可以实现缩短，从会计报表逐渐向实时报表转变，大大加强财务管理数据的及时性和有效性。企业应抓住大数据技术为财务管理和会计信息质量整体优化带来的新机遇，推动企业内部沟通协作框架的建立，并且加强会计信息共享机制和安全机制的构建，维护公司信息安全。在利用大数据技术进行会计信息搜集时，不但要将以往会计流程中的有用信息进行汲取，还要将这些有效会计信息融入会计流程，突破数据格式的限制，扩大会计信息来源，既能够保障结构性数据中的有效会计信息得到提取，使有效会计信息能够从公司业务部门、第三方渠道搜集的数据和原始凭证等提炼出来，又能够将非结构化数据中的重要信息以及不同会计信息之间的内在关系进行准确发掘，提升数据有效性和真实性，还能够保障会计信息质量，为公司管理者正确决策提供基础。大数据技术还可以优化信息搜集和提取的过程，扩大信息来源，提升信息质量，在不同形式、不同来源的巨量信息中快速提取和挖掘有效信息，并通过自身的容错机制设置等途径进一步优化提升会计信息的储存和处理能力，在大数据和云计算技术的帮助下，企业建立智慧计算平台能够帮助企业实现自身核心信息的安全维护，并提升对市场运行趋势的预判力，从而实现企业整体实力的优化提升。

6.3　构建具有大数据特色的管理会计系统

在大数据背景下，企业应对会计信息管理挑战，就要构建具有大数据特色的管理会计系统。将企业信息化建设作为重点工作内容，用真实数据和理性分析替代依靠个人经验和直觉进行判断。在企业进行会计信息管理的过程中，要在有限的时间内将最新的信息进行搜集和分析，更新到企业内部会计信息管理系统中。在企业会计信息处理人员对数据信息进行理性分析的基础上，将最新市场发展趋势和企业发展方向进行准确预判。基于我国当前在信息软件方面的不足，要积极开展与国际先进会计软件企业合作，开发我国会计信息系统软件，借助大数据的技术背景，充分结合我国独有的会计行业市场现状，开发独有的信息化系统，用于我国企业会计信息管理。面对网络环境对会计系统造成的潜在威胁，是在管理会计系统的构建过程中必须要解决重要问题。为此，可以引入先进的大数据技术，对用户身份进行准确验证。并且要加强安全防范屏障的功能设置，阻止黑客进入网络，积极优化升级防火墙技术，帮助管理会计系统抵御病毒的侵入。在会计系统建设过程中，通过对网络终端的安全管理，要增加防火墙等级，未经身份验证的用户禁止进入系统，从而防止对系统造成安全方面的威胁，实现会计信息系统的顺利运行。另外，在会计信息系统的规则设置层面，要体现不相容的原则，将同一经济业务中不同环节设置不同的岗位和操作人员，实现职位之间的制衡。另外，在大数据特色的会计信息系统中，要建立健全会计信息的整体防护体系，提升防护力度，与网络攻击的力度相抗衡，保障系统安全。大数据的时代背景使网络攻击和防护的均衡度大幅度下降，造成了两种力量的不对称，提升了企业在管理会计系统安全性能保障方面的难度。为此，要通过不断健全会计信息安全防护体系，为大数据背景下各种会计信息的收集和处理打造便捷的环境。在对会计信息运输的过程中，要聚焦信息传输的各个阶段，从源头到过程实现管理会计信息系统的保护，加强站点间的防护能力。还要不断优化管理会计系统功能，实现会计信息项目的有效处理。为管理会计系统制定一套系统化的科学运行策略，在系统运行的过程中能够从全局上对整个企业会计信息的处理工作发挥指导作用，实现会计信息管理机制优化，在保障会计信息数据安全性的基础上更加高效便捷地进行会计信息收集与处理工作。

（1）通过整合双方优势，促进管理会计与财务会计一体化发展。管理会计是企业内部的一种财务核算形式，主要针对企业管理者实施相关预测、风控、评价等方面的会计信息。财务会计涵盖的内容较为广泛，具体是以国家宏观管理为基础，对企业经营成果以及财务状况进行确认、计量和报告。具体操作流程需以相关准则为基本遵循，在一定程度上带有强制性，而管理会计隶属企业内部部门，会计相关文件都是指向特定对象而对其进行审查的规范性文件，并不具备强制性。另外，由于企业所处环境与经营方向不同，在管理水平方面也有所差异，仅依靠规范性文件的引导功效，无法同时对众多的企业需求进行满足，这也是阻碍管理会计发展的重要原因之一。一般情况下，管理会计针对企业的各项活动的战略性很强，具有一定的发展优势；而财务会计主要负责对投资成本进行计量，并依据实际情况为信息使用者提供相关的资产信息。在成本计算方面二者口径也皆不相同，财务会计主要采用的是完全成本计算法，只能对整体固定成本进行计量，无法对不确定成本以及变动成本进行准确预算，因此，在成本预算方面，管理会计更具备优势。通过上述分析可以看出，虽然二者在本质上有所不同，但各自都具备一定的优势，如果将二者的优势进行衔接，不仅能为企业提供完全成本信息，还能有效降低企业经营活动风险。要想促进管理会计与财务会计一体化发展，一定要找到二者共通之处，既要满足管理会计预算、控制和评估等方面的需求，还要按照财务会计和税法的要求严格进行成本制度改善。只有促进二者的融合才可以更好地改善企业经营管理，促进企业效益增长。

（2）以变动责任成本法开创会计工作新模式。变动责任成本法是指在企业发生交易事项过程中，出现固定成本之外的其他成本时，需要在变动成本法的基础上，围绕责任成本对多余成本进行核算，进而核算项目的全部成本的系统。通常企业在进行日常项目成本核算时采用的是固定成本核算法，而这种方法只能对全部固定成本进行计量，对最终全部成本预算无法做到全面统计。而依据变动成本法，不仅能对固定成本进行准确核算，还能对固定成本之外的各种附属成本进行计量，更利于企业对于全部成本的准确把握。责任成本是指对整个成本计量过程中的各个职责归属划分。各责任中心在对标准责任进行界定时，依据各自的管理全权明确各自的责任成本。在实际事项经营过程中，责任成本又被区分为可控成本与非可控成本两种不同类别。可控成本是指企业在进行一项事项中所需要投入的成本与标准责任成本相较，无论是多是少，都是可以控制在成本差范围之内的。而不可控成本由于其具有一定的复杂性，企业内部无法独自完成责任成本的换算，因此，需要由关联部门在汇总后转发给相关责任部门，并依据相关责任中的核算方式进行核算后，最终得出明晰反映各阶层不同成本差异的原因，最后再进行指标计量和绩效评价。为了有效地区别成本差异，各责任中心应对成本进行合理分配，进而准确区分固定成本与变动成本在事项进行时的责任划分。通过建立变动责任成本系统，能够有效明确各个部门在经济事项中的责任区别划分。同时，加强对责任中心以及作业部门的融合，有利于将作业成本法运用于整个成本系统的建设，使成本系统更加标准化与完善化。

（3）搭建管理会计和财务会计衔接新途径。在大数据背景下，通过借助人工智能技术与会计系统的融合搭建，能够有效拓宽会计行业发展渠道，使整个信息系统发挥出极致效用。会计信息管理作为贯穿整个经营全过程的决策依据，其所涉及的各项活动都要准确发挥出信息数据的有效预测、风控与评估作用，尤其是要加强对风险管理的控制，才能保证信息资源的安全有效性。启动投资成本预测与实际发生成本的双计量模式。通过发挥出管理会计与财务会计的不同优势，先采用管理会计中对于投资成本预算方法与计量形式对信息数据进行全面统筹计量，结合财务会计计量办法对实际事项产生成本的核算结果进行复核。以变动责任法为核算基础，以企业战略目标为目的，采用管理会计计量办法对企业年度总结预算进行详细预测与评估，并将实际发生的各项变动成本标注在最终报表内。要加强对绩效考核制度标准的改善，针对管理会计与财务会计共同计量报告采取一致性评价措施，通过统一标准对报告进行评价，能够更清楚地从报告中发现错误与遗漏，使报告中反映的信息更加准确、更具引导决策的作用。

6.4　提升大数据会计信息安全

（1）建立数据安全系统。在大数据背景下，互联网的应用效果将直接影响到会计信息化的工作效率。为了保证会计信息保持完整性与可靠性，只有不断提高技术与安全性，才能使相关技术手段与会计信息工作融会贯通，发挥出其最大效能。要想建立完善的数据安全系统，需要注意以下几个方面：第一，加强对数据信息运行环境的整体排查。通过采用封锁、拦堵以及查杀的方式，对数据信息传送渠道以及信息来源进行全面监测，针对薄弱环节重点加强系统层次建设，确保信息处于绝对安全的环境。第二，强化对会计信息的传送方式的安全控制。增强对信息运算各个节点之间的全面防护，提高各个节点自身防护能力，坚决杜绝因网络安全问题发生内外勾结，从而对信息安全造成威胁的现象。第三，完善技术平台在硬件、软件等方面的防护措施，提高技术平台的安全性。基于对会计信息安全战略的全面分析，进一步提出对信息化战略进行改革措施。重点从软件及硬件的多方面功能入手，以一体化管理方式对项目流程、日常运营以及防护监控进行全面管理，使三者完美融合，实现科学化管理。第四，构建安全架构，以最大限度实现全局安全机制。加强制定信息披露策略，对信息披露的目标实施统一控制，以实现对会计信息处理的最优化。除此之外，还要对信息处理过程的各个环节进行详细梳理，并在此基础前提下，针对企业当下的信息安全问题提出更多解决办法，发展新的应对模式，以实现对基础措施的有效补充，从而提高信息环境的整体适应性。第五，深化黑客网络攻击技术研究，加快技术攻关进程。随着网络技术日新月异的发展，网络环境变得越发错综复杂，大量新型计算机技术不断演变使会计信息网络环境呈现出更加复杂的发展势态，传统的网络防御措施已无法应对当下所有的攻击手段，需要大力发展网络安全技术研究，加强对传统技术的创新力度，提升对大数据时代信息抵御黑客攻击的能力。通过对黑客攻击技术的特点进行充分了解，并有针对性地进行对策研究，以期实现最优的防御效果。另外，还须重点注意加快信息金融与证券诈骗技术攻关进程，防止企业金融信息出现内部泄漏，以此来保证会计信息的真实与可靠性。第六，强化身份识别系统建设。为了保证信息安全，要加强对数据库访问人员的权限确认，除了原有基础密码验证方式外，对相关人员增加多层认证方式，如面容、指纹、瞳孔识别等。另外，要采用多次加密方法对系统进行加密。通过引进高科技安全体系，形成密码学系统，在对数据进行保护的过程中采用虚拟软件对其进行安全网关设置，直至形成理想防护效果。不仅能够避免黑客恶意对系统进行攻击，也能为会计信息安全储存与传输提供必不可少的保障。

（2）完善会计信息的内部控制制度。数据安全系统的有效运转离不开内部控制制度的有效运用。为了促进内部制度改革的推进，用户数据的整合必须在主体的基本结构内进行，完善的内控制度不但可以提供规范的基础构造，同时有利于推动控制理念培养，最主要的是能够通过发挥其良好作用，创造一个良性循环环境。需要注意以下几个方面：第一，加强内部安全管理体系建设。企业应该重点从改善内控机制方面入手来实行安全管理。根据企业自身规模成立专门的安全管理部门，并挑选责任心较强的员工作为涉密安全管理人员，同时需要制定详细的书面规定，明确每个员工的工作职务与责任。在完成安全管理部门建设后，需要通过这个部门对整体安全系统进行全面排查。通过利用PDCA（策划、实施、检查、处理）循环方式对整个安全管理系统进行监测，严格排查每一个子系统下具体所管理的项目产生的细节，找出实际问题，并针对产生这些问题的原因进行追源处理。在确定了问题的根源后，再根据实际情况，采取针对性的解决办法或优化措施，以此来不断完善安全系统，使其能够安全、有效、持久地运行。第二，强化内部审计作用。虽然在制定网络系统的信息系统架构时，企业会根据会计信息安全守则构建适度的防护措施，但在实际操作中并没有实践能够验证这些安全措施的保护力度。因此，需要建立完善的内部控制沟通系统，对整体内部环境进行全面监督，从根源上有效杜绝内部财务舞弊现象的发生，维护会计信息安全。同时设立沟通系统能够让企业及时捕获信息反馈，以便在面对风险问题时能够作出及时反应，有效降低企业风险。对于公司内部的审计，除了对网络环境下会计信息、数据输入结果进行审计之外，还必须对整个系统进行安全、合法监管。为保证数据处理过程达到财政部门现行财务管理制度的要求，现代企业必须重视内部审计工作的合理性和合法性。在开展审计工作时，应尽可能保证审计部门的独立性，同时也需要对内部审计工作人员进行独立管理，只有这样，才能保证最终审计结果的公正性。除此之外，独立管理更容易发现会计信息在处理过程中存在的不当行为，降低企业的经营管理风险。第三，加强对工作人员的控制理念培养。为了使会计行业能够适应大数据发展进程，会计技术人员必须具备高尚的道德素质理念以及过硬的专业技术，才能确保不被时代发展所淘汰。在大数据时代背景下，企业应在完善自身安全系统的同时，加强对内部工作人员的整体水平培养。针对不同硬件技术人员在工作环境中的分工差异，并根据操作系统的需要，重点加强对不同方向的专业技术培养。在公司人事管理制度中必须加入考察制度，针对重要岗位分配时，根据岗位重要性设置轮岗制度，要求员工必须按照制度进行严格的职业素养考查，确保员工具备较高任职资质。

（3）建构会计信息系统的容错恢复以及备份体系。在大数据环境下，互联网的普遍应用为会计行业带来了诸多便利，但是部分会计人员在实际操作过程中容易出现失误。有时候很小的失误可能就会造成数据流失，一旦数据产生偏差，最终可能会发展成难以收拾的局面，企业将会面临巨大损失。因此，企业有必要通过建立会计信息的容错恢复系统，辅助会计工作有序进行，尽可能将工作中因失误造成的损失降至最低。一方面，在构建容错恢复系统时，需要根据不同错误情况制定相应的恢复程序。主要是针对工作失误、黑客攻击以及不可抗力事故等，具体按照风险程度，设定不同级别的恢复系统。这就需要企业在内部进行局域网建设，一旦发生重大信息入侵事件，如果短时间内无法抵御外部攻击，企业则可以迅速启动容错恢复系统，及时将系统运作转接至内部局域网，以保证恢复系统正常运行状态，加强对会计信息的安全保护。除此之外，要特别注意恢复系统不能单纯只设立在某一种特定的系统内，应该在支持传输控制的基础前提下，结合自身的投资成本，开发多种媒介渠道，避免发生因单独系统崩溃无法重启的现象。另一方面，要重点关注提升数据储存及备份的安全性。随着大数据时代的不断发展，每天都会产生海量的数据信息，如何安全保存信息也成为这个时代企业必须考虑的问题。备份系统作为防止会计信息系统发生意外的有效手段，除了在原有系统备份基础上，企业还应根据自身情况开发不同软、硬件备份程序，从多层次加固安全控制体系，确保信息不会因为意外事件泄漏或丢失。除此之外，企业应加强对操作人员技术能力的培养，要求工作人员除了具备基础业务能力外，还应熟练使用专业数据储存管理软、硬件，为提高数据的安全性提供多重保障。

（4）优化信息共享平台建设。随着互联网经济的持续发展，越来越多的信息数据不断涌现在人们的视野中，面对如此庞大的信息数量，会计人员的工作量也随着信息的增多而不断加大。在处理信息事务时，由于信息量过多会存在相互干扰的现象，非常不利于会计信息使用者作出正确决策，进而使信息失去应有的效能。在大数据背景下，信息价值对于企业的影响有着举足轻重的意义，其中不仅包含对企业披露的真实性与相关性，还体现了其预测价值，因此，需要加强对共享平台建设的优化力度。利用大数据结合共享平台以及互联网上提供的数据，为会计工作人员提供较为完整、可靠的信息资源，从而促使企业会计信息质量得到极大提升。要实现信息共享平台应用的最大化，发挥在大数据时代优化会计信息整体质量提升方面的独特优势，需要多方主体的积极参与和共同努力。一方面，政府部门应针对平台建设给予相应的政策资助。目前，我国许多中小企业由于其资金、实力等原因，在技术上还存在着一定的短板，凭自身实力很难突破现有的问题屏障。因此，相关部门应当从政策、资金及技术等方面对企业平台建设采取有效支持和引导手段，统筹汇总各个企业发展状况，并根据实际情况对企业进行整合与指导，促使企业间形成互补的合作关系。在建设资源共享平台时，要通过多种途径实现企业信息传播的融合发展，坚决预防"信息孤岛"现象的发生。同时，利用先进的技术和方法来降低企业对平台的改建难度，减少平台造价开支。鼓励参与建设企业与人员在加强自身发展的同时，结合自身情况取长补短，大力发展自主创新融合模式。另一方面，要加强企业间资源共享体系构建。企业内部要加强自身数据资源的分析整合能力，使其自身的数据资源得到应有的优化和应用。注重企业内部各部门之间在数据传输方面能力的提升，以及对企业内部成员的意见与诉求等方面的关注和共享，确保部门间能够进行紧密合作，使财务信息能够流畅传播。同时，还须加强企业与企业之间的信息互动与交流，为会计信息的共享提供便利，实现企业之间的战略合作和资源共享。

由于会计信息的重要性影响，在应对大数据为会计信息管理带来的各项挑战的过程中，要注意信息数据的加密工作，不断提升会计信息的安全性。可以从构建并不断完善科学的管理会计信息系统入手，提升会计信息安全性。在激烈的市场竞争环境中，企业要始终以充沛的精力和饱满的热情投入到市场运作中，不断提升自身运行效率和信息化管理水平，构建并不断完善科学的管理会计信息系统，在大数据时代背景下正确进行会计信息的应用和处理。领导层需要对优化会计系统的重要性建立正确认识，通过管理思维的革新和工作方法的改进，对大数据技术发展引领会计信息管理行业逐步形成共识，推动管理会计与大数据技术的有机结合。在管理会计信息系统中，要注意相关会计信息的时效性，第一时间将市场信息进行有效搜集，帮助企业了解市场发展趋势，了解行业发展现状，并对市场发展方向和进一步趋势作出准确预判。根据市场发展趋势，企业可以及时进行技术革新与设备升级改造，利用先进的人工智能技术，实现系统的不断优化，并随时根据市场发展最新趋势调整系统功能，实现系统功能的不断丰富和抗风险能力的提升。此外，企业还可以积极吸取行业内的先进经验，走自主研发的路子，开发定制化、独立性的软件系统，在实现企业信息化管理水平的同时，还能够有效保障企业技术优势与信息安全，实现大数据时代背景与企业管理的有机结合。通过系统化的管理，企业可以不断提升会计信息化管理的安全性。根据市场发展动向，对行业发展趋势进行准确分析，将市场发展的最新动态与会计信息进行有效结合，并在大数据技术的帮助下进行精准筛选，以多方位的原则构建企业信息安全管理体系。如果要保障企业会计信息安全，就要不断优化系统安全管理工作，对于一些非法入侵行为迅速识别。此外，还要不断建立完善应急反应机制，维护突发状况下的企业运行秩序，使企业会计信息安全管理有法可依、有规可循。对企业会计信息进行有效防护，能够顺利保障企业运行秩序，优化企业管理成效。通过防护装置的配备及各项规章制度的建立，从管理体系、预防和处理体系方面明确企业对于会计信息安全预警的态度，保障企业运行质量，及时做好风险评估，使各项会计信息管理工作得以有序开展。

6.5　注重提供多维度数据信息

（1）从设计者视角转变为客户视角。在大数据背景下实现会计信息整体质量的提升，需要正确认识当前会计信息提供方面的不足，重新审视会计信息提供活动，积极应对时代发展对会计信息提供形成的新考验。从这一角度看，就需要加快完成会计信息的提供由生产者导向到客户导向的转变，实现从设计者视角转变为客户视角。从目前数据库数据渠道来看，基本依靠一些单一性的渠道来进行互动。通过例如电话和邮件等单一渠道互动的模式，进行数据的搜集分析，存在一定局限性。在大数据背景下提升会计信息整体质量，需要建立多维度数据库，对会计信息进行搜集、分析和整理。这也是会计行业发展的大势所趋，代表未来财务报告的变革方向。在设计者视角向客户视角转变的过程中，能够打造多元化的互动渠道，不仅能够获得单一零散的财务数据，还可以对一系列的行为进行洞察和挖掘，提升财务报告的深度和内在价值。建立多维度的数据库有助于快速精准识别数据之间的内在联系和因果关系等，并且还可以从一些表面上看起来似乎并不存在联系的数据中获取有价值的信息，将彼此独立、内容多样的数据来源统一起来，获取其中有价值、有一致性的客观证据，最终得出有效结论。随着大数据技术的不断成熟，不同领域、不同行业之间都可以进行分析，发掘不同领域、不同行业之间价值资源的转换点，并对大数据技术进行进一步完善，提升大数据技术在分析市场、进行市场发展预判时的专业能力，能够为信息使用者提供符合使用者需求价值的信息。

（2）完成从标准化向定制化的个性化服务转型。从会计信息产品提供的角度，大数据背景下，要保障企业会计信息质量，为企业发展提供动力，就需要尽快完成会计产品提供从标准化产品向定制化服务产品的转型。为此，需要突破单方面生产的传统模式，向互动型生产模式转变，使得会计信息的产生和流通能够更加适应客户的实际需要。在企业会计信息整体质量优化提升的过程中，需要时刻立足于客户群体的实际需求，不断优化企业市场开拓活动和会计信息处理能力。大数据时代带来的新的变革趋势对企业发展和企业会计人员培养工作提出了更严格的要求，企业必须迅速适应新的时代发展要求，及时开展企业内部结构优化和会计人员专业能力培养工作，从市场和会计信息使用者的实际需求出发，突出信息的价值，及时、有效地完成有效信息的用户推送，将有效信息呈现给需求用户。在传统信息推送模式中，基本都是依靠标准化信息产品，进行无差别推送，这种传统的信息推送模式不具备任何交互性，没有会计信息数据库的帮助，信息使用者面对机械推送来的大量数据，需要自主进行选择，无法实现会计信息的高效运用。为此，需要改变标准化信息产品模式，紧盯客户实际需求，以定制化思维开展会计信息推送服务，信息使用者可以进行有效信息的直接调用，而不需要再进行自主挑选活动，保障了会计信息的及时性，满足了信息使用者在个性化需求方面的基本要求，实现会计信息整体优化。定制化的信息服务能够实现多维度的有效数据提供，通过大数据技术可以实现多元化可靠性验证，既有助于保障决策合理性，也有助于实现企业的平稳运行。

（3）由单个生产方式向互动化发展。加快推进单个生产方式向互动化发展的步伐，利用大数据技术的优势，不断提升会计信息的使用效率，优化会计信息整体质量。从大数据技术看，数据信息之间的相关关系构成了大数据的基础，要提供多元化、多维度、多渠道的会计信息，就需要将数据之间的相关关系进行准确挖掘，从不同的交易类型和交易行为中进行数据关系的分析。大数据带来了大量的存在相关关系和因果关系的数据信息，从而使不同来源、互相独立的数据进行验证成为可能。在信息使用者的需求下，企业会计人员不仅需要将财务报告中具体的数据内容进行呈现，还需要建立单个生产方式向互动化发展的新模式，实现标准化财务信息向定制化财务信息的转变。在互动化发展模式下，企业会计人员可以满足客户的不同个性化需求，将一些特定用途的产品提供出来，通过交叉数据库的功能，简化信息使用者信息使用流程。将有效会计信息进行简单分析即可投入使用，突破单一生产互动方式的局限性，不需要接受其他冗余、劣质的信息，而是根据实际需求进行个性化定制，优化信息获取的质量。通过单个生产方式向互动式的转变，提升会计信息的整体质量，增强会计信息的相关性，并且优化会计信息的使用效果，由于来自多渠道的会计信息在大数据技术下能够实现相互验证，会计信息的可靠性得以增加，是大数据时代背景下实现会计行业整体进步的重要途径①。

应对大数据环境下管理会计信息面临的挑战，需要提供更加综合的会计信息。在企业会计年报中需要继续提升非结构数据的比例，拓宽非结构数据在整体数据信息结构中的范围。从外部环境看，有许多新因素的诞生会影响企业进行信息价值判断。投资者进行投资决策的过程就需要更多的相应内容及信息，其关注点在不断向外拓展。对于会计信息披露的过程而言，需要在会计信息年报中不断拓宽非结构数据范围，将大量的非结构数据信息进行准确分析，并且选取其中的有用信息纳入企业会计报告，从而实现企业会计信息披露真实性及可靠性的有效保障。对于财务会计报表，应当继续拓展其涵盖范围，以适应大数据的最新发展趋势。在传统的会计信息管理模式中，许多资产和负债不能进行准确的定价，影响了财务报告的整体准确度，但随着大数据技术的不断升级，许多资产和负债已经可以实现准确定价。在这一发展趋势下，企业会计信息处理人员可以对企业发展的商业模式和财务数据进行量化，凭借自身的专业技能水平优化商业模式的相关描述，更改其在会计报表中的附注形式，从而为会计信息使用者提供更加丰富有价值的会计报告和相关财务数据，帮助会计信息使用者根据会计报告作出更加准确的投资决定。要加强对于企业数据资产的重视，建立企业数据中心，实现数据资产的有序管理。在大数据时代，数据资产的内涵被重新定义，由于当前的会计准则中并没有涵盖关于数据资产价值的明确规定，但实际过程中网络账户的运行状态、活跃表现、社会关系等都在经济活动中占据着重要的地位，为此，企业必然需要通过扩大会计信息搜集的范

① 刘玉丽. 大数据背景下企业会计信息质量研究［D］. 北京：首都经济贸易大学，2019.

围，优化会计信息综合度，不能仅仅将单纯经济业务相关指标作为基础数据，而是需要对社会活动的相关数据进行合理分析，积极开发云技术相关功能，与银行、税务等部门取得联系。在企业会计信息管理过程中，必须重视相关数据资源的维护，探索网络客户开发与客情维护的有效手段，采取多方面的措施提升客户的忠诚度，打造客户和数据平台的有机结合。还要通过数据资产质量的不断提升，实现企业决策有效性和准确性的优化，正确应对大数据发展对企业会计信息管理提出的各项挑战①。

6.6 建立统一的大数据处理标准

（1）遵循基本国情，建立统一大数据处理标准。在大数据背景下实现企业会计信息整体质量的提升，还需要建立统一的大数据处理标准。从我国具体实际出发，结合国内市场经济的运行情况来看，我国当前还缺少统一的大数据处理标准，缺乏对于大数据处理相关标准的客观定义、专业术语、体系架构等相关内容，这些内容的缺失对于我国在大数据背景下优化会计信息的整体质量存在一定负面作用，在新的时代背景下，我国要坚持会计行业的标准化建设，完善会计运算和信息处理的相关标准，必须建立统一的大数据处理标准，实现对整体会计信息质量的提升优化。为此，应当从市场角度，对大数据处理标准进行统一定义，并明确大数据会计信息处理标准的相关术语和架构等；利用大数据技术的相关优势，对会计信息数据内容进行丰富和扩充，尤其是对于无形资产的监督和记录，能够提升会计信息的全面性和准确性，继而提升企业决策的正确性，推进经济活动的有序开展；建立大数据处理系统结构框架，形成相对客观统一的指导性标准，使企业会计信息大数据处理过程有章可循。在各企业进行会计信息质量监管的过程中，在统一的大数据处理标准影响下，都能够保障其会计信息质量的建设符合国家会计信息标准体系，符合大数据时代对会计信息整体质量发展方向进行把控和保障的新要求，推进财务会计和管理会计的有效融合，既实现企业信息的规范披露，又能够正确发挥对内的服务决策功能，改善会计行业存在的信息不对称的矛盾，为会计行业整体发展赋能，为企业会计信息质量的整体提升创造新的路径。

---

① 张文浩. 内部控制对会计信息质量影响的研究 [J]. 纳税，2020，14（16）：108-109.

（2）提升对于大数据处理标准体系的相关认识，建立云会计产品相关要求。从统一的大数据处理标准上看，我国当前除缺乏统一的大数据处理标准，应当采用具备一定开放性的大数据处理标准体系，作为对企业会计信息处理的根本方法。在大数据处理标准体系中，建立一整套标准的企业会计信息大数据处理规范，为企业会计信息处理提供依据，使企业在大数据处理标准体系的作用下，能够实现财务报告的拓展优化，应对大数据时代背景对会计传统工作方式产生的冲击，迎合时代发展的脚步，实现财务报告的创新和优化，对有效会计信息进行有效传输与传递，加强企业的市场影响力。在大数据处理标准体系应用于会计行业的基础上，还要能够提供将大数据技术应用到各行各业、与各行各业的具体工作开展流程进行紧密融合的机会。根据各行业的性质和行业建设要求的具体不同，将其与大数据技术、云计算技术等进行深入融合，并且逐渐进行细化和不断完善，最终实现我国会计标准的整体完善和与世界的接轨。我国的大数据会计处理标准体系的建立目标应当是能够与大数据技术、云计算技术等实现高度融合，达到相辅相成的状态。在大数据处理标准体系影响下，有助于建立统一云会计产品的技术要求，并配备相应平台开发商的信用体系和第三方监管制度，有助于充分发挥大数据处理标准体系的开放性、包容性和融合性等优势，不仅优化会计行业整体秩序，提升企业会计信息整体质量，为企业会计信息处理提供指导性作用之外，还为各行业带来新的工作方式和新的发展机遇。

（3）多方共同参与，实现大数据处理标准的维护与运行。从我国实际国情出发，统一的大数据处理标准的建立是会计行业发展的必然要求，反映了时代进步对会计信息质量提升工作方面提出的新考验，是我国会计行业建设的必经之路，各部门都应当提高认识，加强企业会计人员工作模式和会计信息披露方式的创新工作，建立大数据处理标准并不断完善，发挥对市场会计信息应用的指导能力。为了实现企业内部会计信息整体质量的提升，加强各企业搜集、处理会计信息的能力，满足企业对于会计信息质量的实际需求，统一的大数据处理标准建立过程不能只由行业组织和相关协会进行，需要发挥政府主导、多主体参与的协作模式。在我国进行会计行业标准优化和大数据统一处理标准的建设过程中，各级政府应积极参与进来，对大数据处理统一标准的建立进行有效引导，从政府决策功能角度出发，发挥政府在市场宏观调控方面的重要功能，以政府角度引导各主体积极展开讨论，缓和多主体之间存在的利益冲突，将资金、信息和业务层面的多种信息和流程进行融合，建立和谐统一的合作关系，强势推动统一会计处理标准相关规则的建立，优化企业财务管理成效，提升企业整体会计信息质量。另外，政府还应当出台相关保障及补助政策，进一步提升各部门参与统一大数据处理标准建立的积极性，使大数据处理标准的有效性得以提升，为优化整体市场环境，推动财务业务一体化建设进程发挥积极作用。在政府的参与下建立我国会计行业统一会计信息处理标准，是大数据影响下时代发展的必然趋势，对于完善我国会计信息行业标准、推动我国会计行业信息标准化建设具有非常重要的意义①。

在大数据时代背景影响下，传统的会计核算及会计信息披露模式已经不足以满足会计信息使用者的需求。在市场环境日新月异的变化中，会计信息使用者需求量正在不断增长中。应建立 AIS 平台，明确相应的技术标准，建立健全一套完整的体系，将客户、供应商等主体都纳入其中，在搭建的平台上进行信息共享。在 AIS 平台的建立过程中，国家、地方政府和企业之间可以打造自上而下的多层次共享平台，并将相应的技术标准进行进一步明确，重新定义层级间信息共享的规则，使得平台能够满足不同信息使用者的需求。另外，还要在 AIS 平台和相应技术标准建立的过程中，将提升会计信息数据的监管力度作为重点工作内容，推进会计信息数据防护体系的升级，完善平台功能，并且不断开拓新的会计信息资源渠道，在保障信息安全的前提下，优化会计信息质量，以全方位立体化为原则，打造 AIS 平台防护体系，连接企业内部与市场端的有效沟通渠道，防止企业内部各项安全隐患的发生。不断完善平台安全制度，打造 AIS 平台信息管理中心，将会计信息管理部分的职责权限进行规划和圈定，实现会计数据网络工作能力的有效提升，建立数据传输闭环，保障平台的正常运行秩序。在 AIS 平台和相应技术标准的建立过程中，要以周期性为原则对数据进行合理规划，不断强化财务管理流程的合理性，提升企业整体价值。为此，企业要积极开发产业价值链，打造独有的竞争优势和商业模式，在日常经营过程中，将价值管理的思维贯彻到企业规章制度中，积极发挥数据对企业决策的支持和引导作用，实现对市场发展趋势的准确预判。在大数据时代背景影响下，企业需要不断优化核心竞争力，从会计信息数据的收集、分析和处理方面都需要贯彻周期性的规划原则，其中包含短期规划和长期规划两部分内容。在 AIS 平台的帮助下，企业要积极利用智能化技术，将业务数据和财务数据

---

① 张圣利，高依晓. 会计信息可比性与企业双元创新 [J]. 中国注册会计师，2022（6）：29 - 36.

在平台上进行有机整合，并且将光学字符识别等新型技术运用到数据收集的过程中。要为 AIS 平台配备相应的技术标准和操作流程，不仅需要将会计业务的相关记账凭证进行完善保存，还需要将原始凭证等信息进行有效管理和记录，使会计信息数据收集范围扩大化，实现对于非结构化会计数据的兼顾和数据全面性的有效提升。AIS 平台和相应技术标准的建立能够提升企业战略决策价值，实现对海量数据的合理分析，得出对于行业发展趋势的准确预判[①]。

6.7　逐步实现财会价值转型

在大数据技术不断升级的过程中，对会计信息进行有序管理已经成为事关企业生存和发展的重点事项之一，能否正确借助大数据技术对企业会计信息进行有效管控成为企业价值战略核心与奠定企业发展方向的基石。为正确应对大数据技术对企业会计管理形成的挑战，要逐步实现财会价值的转型，面对市场，要以敏捷的反应力对公司关键信息点进行提炼和抓取，帮助企业顺利抓住机遇，实现投资回报及利润率。在企业财会价值转型的过程中，要重视会计职能的转变，加快促进会计职能从传统核算监督职能的变革与升级，关注会计的职能价值提升。在企业战略方面，要积极优化财务管理体制，加快财务管理模式的创新升级，将企业发展与财务管理目标相挂钩，将运营成效与财务管理有关措施相结合。在企业运作过程中，要积极引进价值管理的概念，将价值管理作为处理商业模式相关知识的重要原则。在运营方面，要积极从结构方面进行减负，缩减管理层级，实现运营灵活性和财务管控有效性的有机结合。在大数据背景下，企业进行财会价值转型的过程中，要不断强化资源一体化观念，摒除信息孤岛的影响，使财务管理的参谋作用得到最大化的体现。在会计信息化的建设中，要不断理顺企业业务流程，正确发挥大数据在数据收集和分析处理方面的独特优势。从客户资源角度看，要实现业务流的再分析，将业务流引导至客户资金流，实现业务开发闭环，使业务资源、客户资金管理和产品品质实现统一。在对数据资源进行分析的过程中，要加强对于企业经营秩序的自查，积极发现经营方针策略的偏移，实现以市场发展趋势为基准的及时修正。并

---

① 曹大伟. 大数据时代背景下企业会计信息质量研究［J］. 审计与理财，2022（6）：39－40.

且，要不断提升战略高度，对企业资源采取一体化管理的设计，加快促进财会价值转型。从多个角度实现信息有序管理，使企业的物流、资金流、业务流实现统一。从企业内部秩序优化的角度出发，将当前业务流程、审计规则等存在的不足加以发掘和整合，实现企业内部管理秩序的再优化，改善企业在进行信息化建设过程中的盲目性。在财会价值转型的基础上，企业财务管理人员能够及时提供准确的市场信息，正确发挥信息化效用，实现企业价值的整体提升和优化。此外，财会价值转型还对企业会计信息系统和业务信息系统一体化作出要求，需要企业合理运用数据挖掘的技术，在企业业务的运行过程中，统一供应链和客户关系的管理，提升预算精准度，实现资金的系统管理。

（1）应用科学合理方式让互联网大数据变成健全信息管理的催化剂。互联网大数据对推动财务管理行业的发展影响较大，通过借助互联网技术从财务管理业务中获取的企业信息更加全面。由于互联网大数据具有快速解析数据的特性，能够有效提升会计人员处理信息的基础效率，从而提高公司运营管理效率。在互联网大数据环境下，企业可以通过创建大型数据库查询来快速收集和解析当前公司信息，完成大容量存储，并通过运用网络的实时性特征，对信息资源的内容进行有效的更正与补充。互联网时代大数据的有效性促进了企业对于会计信息使用的决策价值。海量信息是互联网时代的主要特征，通过不同领域收集的数据信息异常繁多，内容十分多元化，其中包括各类互动文档和短视频等。由于数据信息来源于多种渠道且内容繁杂，人为进行核算必定会影响效率，合理运用云计算技术可以快速有效地解决这个问题。大数据应用技术和传统数据处理方法相比具有更快速的分辨率水平，同时，互联网大数据还具有效用价值密度较低的特点，企业可以从大量的统计数据中快速获取高价值的数据信息。云技术集成将根据大数据的特点，对数据进行合理收集、分类、分析、整合。智能技术进步使云计算技术成为信息管理的催化剂，能够全面履行会计管理方法和财务责任，把握商业服务发展趋势的核心价值。

（2）构建安全完善的会计信息系统，加强对信息后台维护力度。建立科学完整的会计信息系统是保持企业会计信息质量全面适应大数据时代的重要手段。为了保证系统建设的科学性，促进信息系统有效运用，在建设会计信息系统之前，有必要对系统功能进行全面的深度分析。会计信息系统是由多个领域模块组建的，每个模块的功能各不相同。为了使相关信息的存储和分类形成完整与清晰的模式，企业需要打造综合全面的信息区，并依据信息类别进行整理与分类，再由不同分类向下逐层延展分支，不仅可以有效减少碎片化区域，同时，合理整理、分类的信息内容能够有效减少信息的收集时间，为企业争取更多间接利益。除此之外，针对不同类型的企业需要结合会计信息处理需求来构建会计信息系统。构建企业专属会计信息系统能够更好体现出企业优势，根据企业需求创建会计信息系统能更契合企业发展需要。会计信息系统根据实际情况建成后，需要根据系统的应用环节进行系统更新，及时补充功能，补齐短板，提高系统运行效率。在这个过程中，不仅要注意会计信息系统的更新和维护，还要做好会计信息的更新工作，使信息更加及时可靠。在大数据背景下，企业会计信息的质量保证应从管理和安全两个层面去考虑。因此，企业需要依据实际情况进行重点把握，除了构建完善的会计信息系统外，还要做好会计信息的网络安全建设，对数据信息予以最大限度的保障。要以系统全面安全防护系统为主线，积极推进大数据技术、网络安全技术的应用，不断提高网络安全人才素质。特别是要对用户识别进行重视，对用户密码的设置，以及对系统信息进行访问权限的设定，避免密码过于简单被人为破解或利用，给企业造成不必要的损失。企业还应对会计信息系统进行定期更新和维护，积极采取技术措施，通过引入信息防火墙、加密技术手段以及杀毒软件等互联网技术措施，促进信息完整性和安全性。

（3）成立独立的会计信息披露与分析部门，提升信息质量与企业核心竞争力。在信息时代，企业如果想要在这个新时代背景下获得可持续竞争力，就要注重对信息的收集、整理和分析。所以，为了提高企业竞争力度，会计信息质量应设专门的信息发布和分析部门，促使企业内部信息质量得到进一步提升。通过这个部门，能够更加深层地剖析企业内部的信息资源，这样不仅能使信息质量得到提升，具有更强的准确性，还能为企业树立良好的形象，提升自身企业的核心竞争力。当企业能够建立专门的岗位来处理和分析这些数据时，不仅能够优化企业内部管理，还能够提高会计信息的质量。高质量的信息资源有助于企业完善内部各个环节，改善各项经营状况，从而提高经营效益、实现增收。大数据背景下，企业要想得到进一步发展就必须要对当下的发展环境进行深度了解，信息的收集只有满足顺应社会经济发展需求，才能发挥出其作用，所以，除了重视会计信息的筛选外，还应加强对后台系统的更新与维护，使信息系统时刻处于充实状态。

6.8 创新适应大数据环境的会计信息载体与披露方式

（1）构建新的会计信息载体，建立动态化的配合沟通机制。在大数据时代背景下，需要进行安全储存和科学处理的会计信息和相关数据数量骤增，进一步凸显时代发展变化对于会计核算周期缩短和会计信息载体、披露方式转变的根本要求。在当前时代背景下，传统会计信息载体已经不能适应大数据技术发展速度和企业会计信息处理工作，必须构建新的会计信息载体，发挥新的会计信息载体对于会计信息数据的安全储存和科学处理功能，并且建立动态化的配合沟通机制，及时准确地进行会计数据核算和信息处理工作，加强会计电算化程度。在新的时代要求下，企业应不断加强搜集市场有效会计信息的能力，以及对会计信息进行正确处理和分析的专业技能。会计信息整体质量的提升是新时代背景下企业获得长远发展的必要途径，是大数据影响下企业建设的重点所在，要在大数据时代背景下，实现企业会计信息质量的整体提升，就要创新适应大数据环境的会计信息载体与披露方式，构建新的会计信息载体，并对会计信息的披露方式作出进一步规范和升级。这也是进一步完善会计信息市场、缓解会计信息在分布方面的不平衡现象的必然要求。为此，需要加快企业财务信息共享平台的建立，打造各部门之间信息全面共享的新型平台，通过智慧化的措施构建企业财务管理创新模式，加快平台功能的开发，使各部门之间打破沟通壁垒，建立动态配合机制，并加强会计人员对数据进行挖掘和处理的专业能力，实现会计信息处理效率和能力的实质性提升，顺利实现传统财务会计报表向实时报表的转变，为会计信息载体和披露方式的创新提供基础。

（2）借助创新会计信息载体和披露方式，提升信息化管理质量。在新的会计信息载体和披露方式下，企业可以突破人工计算的约束性和一些弊端，有效提升信息化管理效率和工作质量，实现会计工作效率的优化。积极利用在线会计信息管理系统进行财务数据的录入和整合等基本工作，能够使计算机平台中的数据进行共享，并且实现会计信息资源的进一步丰富和企业经济管理有效性的提升。在会计信息管理决策的相关领域，可以全面发挥会计信息系统的作用和大数据的技术优势，为企业的顺利经营和稳定发展保驾护航。通过对市场发展趋势的精准预判，可以合理进行风险管控，保障企业运行秩序。企业还可以利用各种多元化的信息发布渠道进行会计信息的发布，积极向整个会计信息市场释放有效会计信息，吸引更多的投资融资支持，从而实现对企业发展的资金赋能，并以质量更优、数量更为广泛的信息资源建立相关优势，从而在市场竞争中确保自己处于有利位置，获取更为广阔的发展前景和市场空间。在互联网技术迅速发展的时代，社会信息透明化程度不断加深，市场竞争也愈发激烈。企业要在生存中谋发展，在发展中求进步，加紧培育具有云计算技术应用能力的先进人才，投入到企业会计信息系统的建设和应用工作中，通过有效的评估手段提升企业整体会计信息质量，从根源上保障企业财务管理秩序，实现企业会计信息质量的优化，以较低的成本实现较高效率的运行。利用创新的会计信息载体和披露方式，提升企业信息化管理的质量，实现企业安全高效运行①。

（3）加强会计信息披露规范性，正确发挥决策有效性。在大数据技术帮助下，会计信息质量的整体提升为企业带来决策正确性方面的改进。在新的时代背景下，信息获取的成本已经明显降低，市场上每分每秒都在产生大量的会计信息，这些会计信息为潜在投资者展示了企业经营情况，也为企业管理者提供了决策依据。但市场上的信息质量良莠不齐，对企业正确辨别真实信息的能力也形成一定考验，为此，企业必须从自身做起，加强会计信息披露的规范性，以正确发挥会计信息和财务报告对企业决策有效性的加持作用。在新的时代背景下，企业可以对自身会计信息进行主动披露，并时刻注意会计信息披露的规范性，提升企业财务管理质量和市场整体会计信息质量②。企业必须意识到会计凭证、财务报告等会计信息的传统载体已经不足以满足时代发展对于企业会计信息时效性的最新要求，企业要创新研发适应大数据环境的会计信息载体与披露方式，推出可视化、结构化的数据模型以及实时性的财务发展报告等，缩短会计周期，增强既有投资者和潜在投资者的信心，为企业带来更丰厚的资金支持，缓解企业发展过程中面临的资金压力，又有利于在社会公众面前建立良好的企业形象，为企业发展获得更多的客户支持与良好的市场反馈，提升企业的影响力③。另外，还能够为企业管理者带来科学分析和相关决策性支持，保障企业管理者决策正确性，进一步扩充企业的发展空间，提升企业核心竞争力和会计信息的整体质量水平④。

① 胡蓉. 上市公司信息披露质量的动态研究［D］. 成都：西南财经大学，2011.
② 余婉滇. 合并准则实施对盈余信息质量的影响分析［D］. 南昌：江西财经大学，2010.
③ 李琳. 浅探企业财务会计和管理会计的有效融合［J］. 中国民商，2018（10）：201 - 202.
④ 左立娜. 新经济环境下企业加强财务内控管理的思考［J］. 全国流通经济，2021（25）：94 - 96.

目前，大规模数据资源数据库、人工智能技术已经广泛应用于生活中，会计行业的经济业务也得到了全面扩展，"互联网＋会计"使传统审计方式得到极大改善，除了对传统的经济业务进行核算外，业务范围也逐渐拓展至审计分析以及绩效核查全面发展。大数据时代的到来突破了传统信息处理方式的弊端，在降低了信息的采集成本的同时，不断优化信息资源配置，提供更多的信息供应渠道与载体，为我国经济转型提供了强劲的发展动力，增添了诸多的发展途径与机遇。在线审计通过修复持续的审计错误来帮助降低社会成本并最大限度减少不必要的浪费和损失。因此，构建财务信息共享平台，能够实现跨区域、跨平台的实时信息共享，对推动我国会计事业的转型升级起着十分重要的作用。目前，我国已经逐步进入全面信息化时代，但会计在线审计尚未实现全面覆盖，而在目前运行的审计业务后台数据平台中还未做到对各行各业之间的信息互通与实时共享。为了节约信息采集成本，减少重复采集弊端①，有必要结合大数据技术构建全面的信息共享平台，具体需要注意以下三个方面。

第一，对会计信息操作系统进行优化，加大软件投入力度。在大数据背景下，会计信息审计业务需要随着社会经济发展动向改进，促进信息采集系统与共享平台不断完善。通过扩展数据采集路径，不断扩大数据库信息容量，让信息资源能够涉及各个行业领域。同时，要重点加强对地方审计中心的基础设施建设，设置以省、市、县级单位一体化批量信息采集模式，不断完善地域特色信息资源的收集，使信息数据库呈现出充实状态。除此之外，各地区审计机构要加强对当地数据库访问权限的设定，引进先进平台的系统加密软件模型，通过加密技术设定用户登录权限，让操作人员可以随时随地通过个人权限进入数据库采集相关信息。这样，不仅能有效改善机构内部数据库的信息整合与管理，而且通过设定权限共享信息数据还能够保证财务报表生成的完整性与信息反馈的及时性，也降低了信息被篡改与泄漏的风险②。

第二，建立信息系统顶层开放设计，实现数据共享应用。在大数据时代背景下，信息作为经营活动的主要决策手段，是推进我国社会经济发展的重要前提保障。在现阶段，我国各行业在进行任何经营活动之前，都需要通过数据信息分析与比对后，再决定后续发展路径，因此，信息数据在这个时代已经属于

① 王晓菁.CFO显性激励对会计稳健性的影响研究［D］.青岛：山东科技大学，2020.
② 赵志柱.企业加强业财融合面临的困境与对策研究［J］.会计师，2021（20）：24-25.

比较大众化的公共资源。为了促进各行业都能快速稳定发展，有必要提高数据的应用水平。我国政府相关部门应大力加强对开放式信息系统的顶层设计，不断加强网络基建水准，提升公共数据标准接口覆盖率，推进多行业共同参与数据库信息建设，使信息内容更全面化、多元化。开放式信息系统有助于提高信息的收集率与利用率，实现全民资源共享亦是为更多不同领域行业提供发展经验，这对于我国未来经济发展也起着绝对的贡献作用。

第三，拓宽信息数据共享传播渠道，扩大信息受众范围。目前，我国企业内部信息并没有有效的传播与共享途径，虽然大量的繁杂信息储存于数据库中，但实际能被用来作为决策依据的数据信息却很匮乏。即便拥有庞大的数据体系，但信息如果不具备共享性，无法被公众提炼使用，这无疑是对信息的一种浪费。会计行业是以信息化支撑为基准，以标准化进程为桥梁，以数字化为切入口，所以，只有当数据信息真正能被使用者所理解与使用，才能引领我国经济活动的有序进行。随着电子信息化时代的到来，信息的传播形式也由原始的纸质形式越来越多发展为电子形式，原始单一的传播途径也被互联网时代逐步取代。随着互联网的不断兴起，越来越多的社交软件出现在大众的视野里，自媒体的产生诞生了各种社交 App 与公众号，微信、QQ、支付宝等热门软件也已经普遍应用于人们的生活中。信息数据如果想要实现全面共享，就应该充分应用这些渠道，通过借助社交平台的宣传作用，加大对会计信息审计工作的宣传效果，并严格遵守信息的可理解性特征，充分发挥信息资源的引导作用。

6.9　结合大数据丰富会计信息内容

（1）优化拓展财务报表，不断充实信息决策内容。虽然大数据时代的到来为我国会计行业提供了诸多发展条件，但纵观企业发展需求，目前我国大多数会计行业中的财务报表形式与内容还有待完善。传统财务报告建立在成本核算基础上，对资产化信息的描述较为具体，而对企业其他非资产类信息的描述却十分匮乏，因此，信息使用者很难从财务报表中洞悉企业内部详细的运营流程。企业信息的来源主要依据会计人员的收集以及企业自身报送，在此过程中，如果出现信息遗漏或者瞒报，很容易使报表最终呈现的效果出现信息失真，信息使用者便无法得知企业的真实情况，进而也就无法作出准确决策。为了适应数据时代的发展需要，有必要对财务报告的内容以及生成方式进行优化与改善。在进行信息采集时，会计人员不能只通过企业报送内容作为报表依据，而是需要通过对接大数据，对企业资金流向以及交易明细进行深度分析。报告中除了对企业资产的信息描述外，还应调整报表数据结构，将企业不确定因素详细地标注在财务报表内，供信息使用者参考与斟酌，降低其投资风险。改变传统报告形式。通过运用大数据优势在传统定期报告形式基础上加入实时报告新形式，实时性信息更利于财务信息以及企业动态信息的整合与分析。大数据时代为信息采集提供了有利的条件，能够在短时间内从海量信息数据中准确读取到企业的综合数据，有利于信息使用者对企业发展方向的综合判断，为投资者开展经济活动提供了有力的数据支持。

（2）大数据分析使会计信息预算管理、风险管理等内容得到充实与完善。目前，我国大多数企业在信息管理方面存在着相对落后的特点，在进行财务工作时仍然采用传统作业方式，并未将大数据优势全面应用于工作中。传统作业方式由于受审计范围、方法、数据来源的限制，能获取的信息量十分有限，无法准确地预算企业全部资产与风险因素，预算结果的呈现也是在一个大致范围。除此之外，部分企业还出现信息反馈不及时现象，以致定期的财务报表可能在递交到信息使用者手中之前，便出现一些其他因素从而影响最终引导决策作用，加大了投资者投资风险。由于大数据具备信息时效性的特点，合理运用大数据技术，能够起到事半功倍的效果。大数据技术的优势在于其具有快速识别与分析数据的能力，通过大数据技术，会计人员能在短时间完成对信息的采集、分析以及编制过程，改变传统报表定期递送弊端，使最终呈现报表结果更加精确。实时性的最大优势在于缩短了报表内容的反馈速度，能够在短时间内将企业审计结果呈现在信息使用者手中，使其能够有效规避不确定因素以及非固定资产流动信息带来的投资风险。

（3）改变传统数据收集流程，推进经济活动有序发展。传统数据收集主要针对企业的固定资产以及产业结构方面。虽然这种方式可以准确地对有形资产进行审计，但对无形资产的记录和统计却并不十分准确。随着大数据时代的到来，会计行业对信息的分析也由传统的典型审计方式发展为典型与非典型双向审计模式，但在实际操作中对于静态信息和动态信息的详细区分却还存在，对于信息的收集流程还具有一定缺陷。在大数据时代，数以万计的信息资源每天都在不断涌向经济市场，想要在海量的信息资源中快速收集出有用的信息，单凭传统会计数据收集流程已经无法实现，因此，必须结合大数据技术才能使会计信息质量适应时代发展需要。在大数据时代，信息主要包括静态结构与动态结构两种形式。静态结构是属于固定资源，不具备实时性特征；而动态结构基本都具备实时性，具体包括企业管理、社会关系、产品研发以及产品销售等方面的信息。通过运用大数据可以综合地反映出企业的静态与动态流程，能够综合全面地深层挖掘对于企业发展有利的信息数据，并依据数据结果对企业未来经济发展走向提供重要的信息指导。与传统数据收集方式相比，大数据时代能同时对静态以及动态信息进行双向收集，这样不仅可以丰富会计信息的数据内容，而且对信息结果的审计会更加全面与准确。科学运用大数据技术能够促进企业经济的有效发展，提高企业整体信息管理能力。

（4）正确认识企业数据资产管理的重要性，加强数据资产管理质量。企业在发展建设的过程中，必须正确认识企业数据资产管理的重要性，重视数据资产的管理，尤其是在大数据背景下，需要重点关注数据资产对于企业生存发展的重要作用，结合大数据技术，培养专业人才，从而实现企业数据资产管理质量的不断提升。从数据资产管理岗位入手，优化企业管理结构，增设数据资产管理专门岗位，并加强人员的专业素质培养，提升数据资产管理质量和工作效率。从现代企业制度来看，在原材料、固定资产范畴，企业通常都会设置专人专岗来进行管理，但在数据资产管理等方面，还没有设置对应的岗位，这就是对数据资产管理重要性认识不足的重要体现。为此，需要正确认识数据资产管理重要性，设置专人专岗对企业数据资产进行有效管理。将重要的客户资源、在线客户数据、在线活跃账户数量等信息都纳入企业重要数据资产的范畴，明确数据资产评判过程，进行科学的数据资产管理工作。数据资产实现科学管理，对于企业的长期稳定健康运行具有重要作用。另外，对数据资产进行科学管理的基础上，还要不断落实数据资产的保护工作，加强企业安全意识，将在线客户数量、客户档案等重要信息作为企业核心数据妥善保护，针对不同的客户档案，研发不同的客户黏性维系方案，不断提升企业对于客户行为的预判，及时进行有效客户维护，提升企业客户满意度和市场占有率，为企业发展增添活力。

（5）保障企业数据资产安全，提升会计信息整体质量。随着时代的发展，进行数据分析和数据处理是对会计岗位的新要求，是大数据时代给会计行业带来的新挑战，为此，企业必须保障数据资产安全，提升会计信息处理能力，提升会计信息的整体质量。无论是进行与趋势有关的分析还是整体市场发展方向的预判，大数据的分析使用都是重要工具。为此，企业应当逐渐提升对于大数据背景下加强数据资产管理的相关认识，建立数据资产管理制度，在保障企业数据资产的前提下，逐渐提升企业会计信息的整体质量。在数据资产建立的基础上，还需要加强企业核心信息和数据资产的保护，突破传统探寻因果性的固定思维，辨别不同会计信息之间可能含有的内在联系。另外，还要加强数据资产的保护工作，例如在线客户的数据和活跃账户数量等资源，都是企业重要的数据资源，通过这些数据，能够体现出企业在维护客户黏性、开发客户关系方面的相关表现，基于这些数据，企业能够加强客户开发和客户关系维护的能力，提升客户黏性。在数据资产的保护过程中，提升会计信息分析和使用能力，为企业正确决策和生存发展保驾护航。在大数据时代背景影响下，企业必须重视数据资产保护，将数量巨大、关系杂乱的信息资源转化为企业资产，并将其培育成企业优质资产，积极探索将安全成本向销售成本的转变路径，不断提升企业数据资产管理人员的专业能力水平，加强人员技能培训工作，提升信息化分析处理能力，不断提升数据资产管理的硬件化水平，提升企业对会计信息的及时处理和分析能力。

（6）提升对于数据资产质量的辨别能力，促进企业长远发展。需要注意的是，数据资产的质量良莠不齐，既存在一些优质的数据资产，也有一些劣质数据资产，这与会计资产具有一定的共性，并对企业在数据资产培育及辨别的能力方面提出了新的考验。由于数据资产质量的良莠不齐，企业的数据资产管理人员就需要具备在众多数据资产中正确辨别优质数据资产信息并且准确识别出劣质信息的能力。企业应对数据资产管理岗位的企业人员进行专业化培训，提升其在数据资产管理方面的专业能力，加强数据资产管理人员对于企业优质数据资产的培育和辨别能力，提升企业数据资产管理水平，要关注企业数据资产管理的具体需求，帮助其运用数据理解力和大数据技术将庞大的数据转化为企业资产的一部分，这些能力不是在人力资源市场中培养出来的，而是需要在企业实际工作岗位中逐渐成长和演化的，为此，企业必须重视数据资产管理人员的专业技能培育，提升在数据资产管理方面的重视程度。另外，企业在保护自身数据资产、加强数据资产管理的过程中还应注意，要不断加强信息挖掘和信息有效性判定的能力，以达到优化企业整体信息质量的目的①。

---

① 罗锦兰. 国有企业财务管理的业财融合分析 [J]. 财会学习，2020（5）：57 + 59.

6.10　构建新的会计信息质量保障体系

（1）加强信息披露的质量与公允性，增强会计信息披露的透明度。我国会计信息质量管理体系的实施，是推进我国会计信息质量现代化的必由之路。截至目前，我国会计财务数据的舞弊现象时有发生，通过对比发现，大多数案例都存在相同性质的问题，虽然财务报告的反映内容是真实的，但是只有信息使用者能够获得全部真实资料，而面向公共场合所披露的内容却与报表中所显示的内容不一致，容易引发公众对于企业的误解。在现实经营过程中，有些企业为了表现其竞争力，会将不利于企业发展的部分因素或者较为隐秘的核心内容从报告中删减与瞒报，然而，无论出于何种目的，这种做法都不符合规则。企业一方面需要让信息被使用者接受，另一方面信息要具有让公众了解企业状况的功效，这样才可以谋发展。对于公众而言，会计信息只有真正能反映出企业的现实状况，那么信息才是有用的。从多角度去审视会计信息披露透明度问题，它不仅是对会计信息质量的概括表现，也是促进我国未来经济健康发展的有益参考。会计信息作为人们从事经济活动的重要依据，会计信息的透明度能够准确地反映出信息质量的高低，对信息使用者能否作出正确决策起着至关重要的作用。从市场角度来看，会计信息透明度与企业发展的成本有着密不可分的联系，透明度越高，企业需要投入的成本则越低，反之则不利于企业经济发展的良性运行。要在多元化的资本市场中发挥作用，必须以资源配置、机制优化、风险分散、会计信息透明、吸引战略合作伙伴和相对较低成本的融资为前提。因此，需要加强对会计信息披露质量和透明度的监督，制定有关会计信息披露透明度的法律法规，特别是针对管理会计和财务报告的内容必须要标准化，以保障信息披露的质量与透明度[①]。

（2）基于会计信息中的质量特征要素，创新信息技术的质量特征体系。目前，我国会计信息质量特征制度体系的建立和完善程度还有待提高，在各个层面都存在一定缺陷，需要解决的是信息中质量特征要素的关联问题。特征要素作为组建整个会计信息系统的独立元素，如果无法将各个元素进行有效衔

---

① 杨晨. 中小企业债务融资的影响因素研究 [J]. 黑龙江人力资源和社会保障，2021（17）：28 – 30.

接，那么便无法形成完整的质量体系建设。为了构建符合我国国情和符合国际会计信息质量特征标准的质量特征体系，在制定体系时必须从实际出发，将使用者的需求置于前位，通过借鉴国外优秀体系建设经验，在保证个体特征地位与作用的同时，对特征进行相互作用关联，完善会计质量体系。提高会计信息特征标准的可操作性。会计审计方法很多，且程序选择也各不相同，但并不是所有的方法都与程序相对应，存在可操作性不强的缺点。因此，有必要明确选择方法和程序标准，没有统一的标准就无法促进会计信息的统一化管理。明确各个会计信息特征在整个体系中的地位与作用。虽然我国的会计信息质量特征内容丰富，但标准划分不够明确，而且现有的质量特征都属于平行结构，严重缺乏逻辑性和层次性。因此，在进行特征体系建设时，我们不仅要建立符合我国国情的会计概念框架，还要划清个体特征在信息质量中的层次关系，并将各个层次逐层进行联系，使其形成完整的质量特征体系。质量特征的核心是由质量水平和一定范围决定的，信息也具有可比性和及时性，两者共同作用形成了有机的统一体，信息质量特征更具谨慎性、重要性以及实质性。在特征体系中，每个质量特征都有着相互作用的关系。会计信息质量特征系统的逻辑结构代表了系统这些功能的相互关联结构，可以进行横向比较，也可进行纵向比较，不能忽略特征之间的重要联系。我国现行的会计信息质量体系中并没有逻辑结构，因此，需要构建较为完善的逻辑架构，才能实现会计信息质的突破。从美国、英国等发达国家的经验来看，FASB 的逻辑结构是会计行业现有系统中应用最为广泛的，应充分借鉴 FASB 的概念框架，将我国质量特征中的相关性和可靠性置于逻辑顶端，采用纵向结构不断向下延展，使质量特征保持上下一致、层次分明，从而构建符合我国经济发展的信息质量特征体系，实现新时期会计行业的创新发展。

参考文献

[1] 张欣. 会计信息的质量特征与作用论述 [J]. 中外企业家, 2014 (8): 39 + 41.

[2] 江春梅. 上市公司会计信息失真及其防范 [J]. 合作经济与科技, 2012 (15): 80 - 82.

[3] 赵浩. 新形势下业财融合在企业中的应用策略探究 [J]. 财会学习, 2022 (18): 20 - 22.

[4] 吴玉霞. 浅议如何提高企业会计信息质量 [J]. 赤峰学院学报 (自然科学版), 2013, 29 (1): 84 - 85.

[5] 肖敏. 会计信息质量特征的研究与比较 [J]. 中国外资, 2011 (12): 135 - 136.

[6] 吴毅. 公司治理与会计信息质量的相关性研究 [J]. 现代国企研究, 2016, (16): 136.

[7] 陶凡俐, 李小娟, 李菊秀. 中外会计信息质量特征的比较与借鉴 [J]. 当代经理人, 2006 (9): 9 - 10.

[8] 马莉. 大数据时代下对企业会计信息质量的探讨 [J]. 商业会计, 2015 (16): 108 - 109.

[9] 赵燕丽. 大数据背景下的管理会计信息应用 [J]. 中国乡镇企业会计, 2019 (6): 262 - 263.

[10] 杨阳. 论公允价值的广泛应用 [J]. 商场现代化, 2011 (9): 124 - 125.

[11] 田绪金. 企业会计信息质量存在的问题及对策 [J]. 全国流通经济, 2021 (19): 178 - 180.

[12] 王丹. 大数据视域下企业会计信息质量研究 [J]. 财会学习, 2022 (17): 75 - 77.

[13] 徐艺铭. 公立医院资产信息化管理应用分析 [J]. 环渤海经济瞭望, 2022 (1): 135 - 137.

[14] 郑花. 大数据视域下企业会计信息质量研究 [J]. 环渤海经济瞭望,

2022（1）：144－146.

［15］何玉芬.基于内部控制环境的会计信息质量问题探析［D］.南昌：江西财经大学，2009.

［16］王燕燕.内部控制、独立董事背景与会计信息质量［D］.兰州：甘肃政法大学，2020.

［17］何玉芬，陈莉.企业文化对会计信息质量的影响［J］.中国乡镇企业会计，2013（2）：154－155.

［18］杨飞萍.董事高管责任保险、会计信息质量与股价同步性［D］.成都：西南财经大学，2021.

［19］宋春辉.内部控制环境要素对会计信息质量影响的探析［D］.南昌：江西财经大学，2006.

［20］伍岳.CEO海外背景对会计信息质量的影响研究［D］.长沙：长沙理工大学，2019.

［21］刘海兰.财务背景独立董事与内部控制审计意见及会计信息质量的相关性研究［J］.经济研究导刊，2022（15）：131－133.

［22］贺艳.天航集团内部控制体系构建研究［D］.北京：中国地质大学（北京），2014.

［23］张利娟.中小企业会计信息质量研究［J］.时代金融，2018（8）：234＋246.

［24］周晓光.高管特征与企业发展：高管学术经历对企业创新及价值影响研究［D］.南宁：广西大学，2021.

［25］余婷，吴勇，何亚伟.内部控制效率与会计稳健性［J］.安徽工业大学学报（社会科学版），2012，29（2）：27－30＋33.

［26］龚思旭.金融资产配置、高管金融背景和企业信用风险［D］.贵阳：贵州大学，2021.

［27］龙云辉.律师权利研究［D］.重庆：重庆大学，2008.

［28］赵莉.浅谈税务会计师在企业发展中的重要作用［J］.现代经济信息，2015（3）：197－198.

［29］黄君毅.财务共享服务中心对财务管理转型的价值探讨［J］.农村经济与科技，2020，31（16）：103－104.

［30］许乐.会计信息质量影响因素分析［J］.商，2015（18）：159.

［31］王晓晓.基于上市公司治理结构的会计信息质量研究［D］.武汉：湖北

工业大学，2009.

[32] 王婷婷. 浅析公司治理对会计信息质量的影响 [J]. 企业导报，2015，
(15)：57 – 58.

[33] 吴丹. 公司治理对会计信息质量影响的实证分析 [D]. 南昌：江西财经
大学，2012.

[34] 秦书燕. 企业战略差异与会计信息的价值相关性 [J]. 经贸实践，2016
(23)：67.

[35] 梁钰. 我国防范会计信息失真法律制度的完善研究 [D]. 南昌：南昌大
学，2010.

[36] 王雁. 管理层权力特征对会计信息质量的影响 [D]. 成都：西南财经大
学，2013.

[37] 周虹. 公司治理结构对会计信息质量的影响研究 [J]. 企业导报，2012
(14)：133 – 134.

[38] 许甜，徐佳铭. 公司治理与会计信息质量实证研究——来自深交所上市
公司的经验数据 [J]. 财会通讯，2016 (13)：31 – 35.

[39] 宋晶婷. 阳德公司电子散热器业务竞争战略研究 [D]. 兰州：兰州大
学，2020.

[40] 杨春悦. A 电力企业内部控制研究 [D]. 北京：首都经济贸易大
学，2019.

[41] 王一琼. 自创商誉和外购商誉可比性研究 [D]. 北京：北京交通大
学，2011.

[42] 王晓林. 企业会计信息舞弊及其防范对策研究 [J]. 企业改革与管理，
2020 (24)：128 – 129.

[43] 娄厦，吴玫霖. 非正规金融与中小微企业融资问题研究 [J]. 投资与合
作，2021 (11)：21 – 22.

[44] 尚婷婷. 大数据下会计信息标准化研究 [J]. 交通财会，2016 (10)：
43 – 46.

[45] 李春英. 上市公司内部会计控制与会计信息质量研究 [J]. 行政事业资
产与财务，2014 (3)：129 – 130.

[46] 陈宇. 扬州市电子政务发展中的信息安全与对策研究 [D]. 扬州：扬州
大学，2015.

[47] 刘玉丽. 大数据背景下企业会计信息质量研究 [D]. 北京：首都经济贸

易大学，2019.

[48] 张文浩 . 内部控制对会计信息质量影响的研究 [J]. 纳税，2020，14
(16)：108 – 109.

[49] 张圣利，高依晓 . 会计信息可比性与企业双元创新 [J]. 中国注册会计
师，2022 (6)：29 – 36.

[50] 曹大伟 . 大数据时代背景下企业会计信息质量研究 [J]. 审计与理财，
2022 (6)：39 – 40.

[51] 胡蓉 . 上市公司信息披露质量的动态研究 [D]. 成都：西南财经大
学，2011.

[52] 余婉浈 . 合并准则实施对盈余信息质量的影响分析 [D]. 成都：江西财
经大学，2010.

[53] 李琳 . 浅探企业财务会计和管理会计的有效融合 [J]. 中国民商，2018
(10)：201 – 202.

[54] 左立娜 . 新经济环境下企业加强财务内控管理的思考 [J]. 全国流通经
济，2021 (25)：94 – 96.

[55] 王晓菁 . CFO 显性激励对会计稳健性的影响研究 [D]. 青岛：山东科技
大学，2020.

[56] 赵志柱 . 企业加强业财融合面临的困境与对策研究 [J]. 会计师，2021
(20)：24 – 25.

[57] 罗锦兰 . 国有企业财务管理的业财融合分析 [J]. 财会学习，2020
(5)：57 + 59.

[58] 杨晨 . 中小企业债务融资的影响因素研究 [J]. 黑龙江人力资源和社会
保障，2021 (17)：28 – 30.